KB271850

철학자의 행복 여행

•

이 상 형

인문교양총서 020

철학자의 행복 여행

이상형 지음

역락

서문

　행복에 대해 무언가를 말해야 한다는 것은 나를 불행하게 만든다. 왜냐하면 나는 아직 별문제 없이 사는데 행복하려면 이렇게 저렇게 해야 한다고 말하는 것이 스스로에게 우습기 때문이다. 보통 문제가 있을 때 우리는 그것을 풀려고 하고 어떤 말을 하고자 한다. 따라서 때로 문제를 문제로 인식하는 것이 또는 인식할 수 있는 능력이 중요해진다. 옆에 사람이 배고파 죽어도 문제가 없다고 생각하면 그렇게 사는 것이다. 특히 도덕적으로 문제를 문제로 인식하는 능력인 도덕적 감수성이 점점 흐려지는 지금, 나와 너는 점점 다른 세계를 보며 살게 된다. 내가 생각하는 문제와 네가 느끼는 문제가 달라지기 때문이다. 그러면 나와 너는 점점 이해하기 어려워지고 말조차 건네지 않으면 우리의 만남은 서로의 기억에 남지 않는 없어진 시간일 뿐이다. 세대차이, 문화차이, 개인차이 등이 모두 이를 말하는 것일 테다.

　그럼에도 내가 행복에 대해 말해야 한다면 나의 삶을 온전히 보여줄 수 없는 한 내가 기댈 수밖에 없는 것은 철학자들이다. 어떤 사람의 삶이라도 한 사람의 삶을 말이나 글로 다 표현할 수 없다. 우리는 드라마나 소설에서 주인공과 조연을 보지만 이 세상의 삶은 모두가 주인공일 수밖에 없다. 나의 관점에서 내 삶을 쓰는 것은 모든 사람을 조연으로 만드는 것이다. 그러나 그들도 나만큼 행복할 수 있다. 나와 다른 관점에서 나를 판단하며 충분히 행복하고 사연이 있다.

이런 모순에서 내가 행복에 대해 할 수 있는 것은 철학자가 보여주는 행복한 삶을 말하는 것이다. 우리는 서점에서 일상에서 많은 사람들이 권하는 행복한 삶을 위한 계명을 들으며 산다. 점점 늘어나는 행복의 책만큼 우리도 점점 행복해질까? 행복에 대한 이야기가 늘어나는 만큼 행복한 사람들의 수가 점점 늘어나고 있을까? 그러나 요즘 TV나 신문을 보면 늘어나는 것은 자살하는 사람과 묻지마 범죄들이다. 행복에 대한 책이 늘어나는 것에 반해 불행한 사람들이 증가하는 것일까? 이렇게 하면 행복할 수 있다고 많은 책들은 말하지만 우리 사회에 불행하다고 생각하는 사람들이 많아지는 이유는 무엇일까?

만약 쉽게 사는 길을 선택한 것이 아니라면 어차피 조금씩의 수고는 더 있어야 하지 않을까? 더군다나 한번 뿐인 내 삶이라면. 내가 행복하길 원한다면 당연히 노력해야 하지 않을까? 그리고 그것의 시작은 행복은 무엇인가라는 질문에서부터 출발해야 하지 않을까? 그렇다면 쓸모없는 일에 묻고 대답하길 지루해 하지 않는 철학자들에서 시작해보자. 그들은 자신들의 일이 인간이 원래 가진 운명이라고 스스로를 변호하며 일상인들이 잊고 사는 문제에 골몰한다. 왜 사는가? 인간은 무엇인가? 아름다움은 무엇인가? 지혜를 사랑하는 것이 어쩔 수 없는 인간의 운명이라면 잠시 일상의 노동에서 짬을 내 그들의 얘기를 들어보자. 어쩌면 그들이 하는 말은 내 삶에 대한 이야기일 수도 있으니.

본문에서 많은 철학자들 중 세 명을 선택한 것은 그들의 행복에 대한 정의가 행복에 대한 다양한 관점을 보여주기 때문이다. 아리스토텔레스는 현대적 의미로 말한다면 행복은 자아실현이라고 말한다. 가정에서 이루어지는 사적인 삶과 구별되는 공적인 삶에서 자신의 강점과 미덕을 실현하는 것이 행

복이라는 것이다. 이는 인간 삶의 목적은 행복이라는 선언과
더불어 행복을 추구하는 사람은 어떻게 해야 하는지를 우리
에게 알려준다. 행복을 추구하는 모든 사람은 행복하기 위해
자신의 성격과 능력을 탁월하게 계발시키고 실현시켜야 한다
는 것이다. 이의 현대적 해석이 지금 하버드대에서 불고 있는
긍정심리학일 것이다. 행복하려면 긍정적 정서와 자신의 강점
과 능력을 계발할 것을 말하고 있다.

그러나 내가 나의 능력을 잘 실현할 때에도 내 마음이 불
안하다면? 여러 통계자료에 나타나듯이 물질적 부를 누리는
국가들의 국민들이 모두 행복하다고 말하진 않는다. 행복은
어차피 내가 느끼는 감정이다. 내가 행복해야지 행복한 것이
다. 우리는 성공한 사람들도 자살하는 경우를 간혹 목격한다.
아리스토텔레스기 행복을 위해 가야할 길을 성공직 싫으로
제시했다면, 에피쿠로스는 방향을 나에게 돌린다. 왜냐하면
좋은 품성을 가지고 공적인 생활에서 탁월함을 발휘하더라도
나는 내면의 세계도 가지고 있기 때문이다. 나의 마음이 뇌
세포의 물질작용에 의한 것이든 물질에 독립된 고유한 영역
이든 마음자세는 우리의 삶에 대한 나의 태도이다. 외부세계
가 어떻든 이 마음자세를 통해 우리는 또한 행복을 느낄 수
있다. 외부세계에 놓인 우리 삶의 불안을 감지하고 사적인 삶
에 대한 몰두를 통해 마음의 평화를 얻고자 한 철학자는 에피

쿠로스이다. 못된 선배나 상사를 만나거나 능력을 넘어선 일을 할 때에도 행복할 수 있는 것은 마음의 힘이다. 일체유심조다. 행복을 이야기하는 많은 책들은 우리에게 작은 곳에서 행복을 찾기를 말한다. 길가에 피어있는 들꽃에서도, 지나가는 아기의 미소에서도 행복할 수 있기 위해서는 내 마음이 평화로워야 한다. 마음이 평화롭기 위해서는 욕망을 줄여야 한다. 에피쿠로스는 세상에 대한 참된 앎과 욕망의 조절을 통해 얻을 수 있는 쾌락이 행복이라고 말한다.

그러나 이걸로 끝일까? 내 마음을 가꾸고 자아를 실현하는 길에 행복이 놓여 있을까? 행복을 느낄 수 있는 마음과 내가 원하는 삶을 실현하고 완성되어가는 과정으로 충분한 것일까? 우리는 살면서 3가지 세계와 관계를 맺는다. 내면의 세계, 외부세계 그리고 타인과 만나는 세계. 세상에서 나의 가능성을 실현하는 것은 나만의 문제가 아니다. 나의 꿈은 부모님의 기대일 수 있으며 이 사회가 중요하게 생각하는 직업일 수 있다. 우리가 자신의 꿈을 항상 직업으로 말하는 것도 이미 우리가 사회적 존재라는 것을 의미한다. 나는 나의 꿈이 이 사회에 의미 있기를 바란다. 즉 나의 행복은 나뿐만 아니라 타인과의 관계에 의해 형성되고 변화한다. 이때 나는 나의 꿈이 되도록 의미 있기를 바란다. 어쩌면 나의 행복은 결국 이 사회에서 의미 있는 꿈을 꾸고 그것을 실현하는 과정에서 느끼는 만족의 감정일 수 있다. 칸트가 말하는 도덕적 세계는 인간 삶의 관계적 차원에서 우리가 꿈꿀 수 있는 행복한 세계일 것이다.

철학자들이 들려주는 이야기가 행복을 찾는 사람들에게 작은 도움이 되었으면 좋겠다. 그러나 이렇게 글을 쓰는 지금도 우리 시대에 필요한 것은 남의 말을 듣는 것이라 생각한다. 말과 글은 충분하다. 내 내면에도 많은 말들이 있다. 남의 말과 내 내면의 말에 관심을 가지고 들을 수 있는 시간을 가진다면 행복 찾기는 어렵지 않을 것이다. 잠시 휴대폰을 멈추고 옆의 사람과 내 마음의 말을 들어보자.

나는 행복하기 위해 태어났는가? 그렇다면 이제 행복이 무엇인지를 알아야 하지 않을까?

끝으로 이 책이 나오기까지 나에게 많은 도움을 주시고 나의 말에 귀담아 주신 많은 분들께 감사드린다. 그리고 그림을 맡아주신 이현아 학생에게 감사드린다.

2013. 2.
이 상 형

차례

Ⅰ. 행복을 찾아

행복이란 무엇인가?

때로 나에게 묻는다. 나는 지금 행복한 건가? 가족과 동료 간에 큰 다툼이 없고, 풍족한 만큼은 아니지만 먹고 살만큼 벌고 있으니. 물론 지금 우리 사회에 가장 불안정한 직업중 하나인 비정규직으로 언제 그만둘지 모르는 막연한 불안함을 억누르고 있지만. 그리고 가장 중요하게는 하고 싶은 일을 하고 있으니 만족할 만하다.

때론 점점 자유가 많아질수록 그 자유의 무게를 감당하기 어렵게 된다. 그리고 그 무게를 온전히 나 혼자 짊어져야 할 때는. 그래서 요즘은 내가 무엇을 하고 싶은지 찾기조차도 어려운 것 같다. 어쩌면 찾은 사람들이 행운아일 수도 있다. 그러나 그 행운도 오래가지 못한다. 하고 싶은 일을 해도 이미 그 일을 잘하는 사람들과 경쟁해야 하는 상태에 처하니. 하고 싶은 일을 할뿐만 아니라 그 일을 잘하고 싶다면 다시 우울해진다. 그래서 다시 나의 말을 들어줄 가족이나 친구에게 다가간다.

행복이 무엇이냐고 사람들에게 물어보면 선뜻 대답하기 어렵다. 그러나 지금 행복하냐고 물어보면 대부분의 사람들은 쉽게 대답한다. 행복이 무엇인지 쉽게 말하진 못하지만 우리는 내가 지금 행복한지 그렇지 않은지 알고 있다. 그럼 질문을 더 해보자. 행복하다면 왜 그렇게 생각하는지? 지금 생활에 만족해서 아니면 만족하지 않아서?

"큰 근심걱정이 없고 배부르고 등 따스하면 행복하지 뭐, 행복이 별거 있어? 욕심 안내고 내가 만족하면 다 행복한 거야!"

그렇다면 다시 처음의 질문으로 돌아가 보자. 행복은 경제적 걱정없이 자기 스스로 만족하며 사는 것인가? 그렇다면 우리는 행복을 위해 경제적 부를 쌓고 만족하며 사는 법을 알아야 한다. 그러나 얼마나 많이 벌어야 만족할 수 있을까? 어떻게 하면 욕심 안내고 만족할 수 있을까? 그렇게 살면 과연 난 행복하다고 할 수 있을까?

행복감을 측정하는 것은 얼마든지 가능하다. 대부분의 사람들은 지금 만족한 상태에 있으면 행복하다고 대답하니 말이다. 그러나 내가 무엇을 행복이라고 생각하느냐에 따라 행복감은 달라진다. 앞의 대답에서처럼 지금 배부르고 등 따스우면 행복하다고 생각한다면 우리는 돈을 벌기 위해 노력해야 한다. 그러나 돈을 벌기 위해 경쟁하며 바쁘게 살다보면 내가 지금 느끼는 만족이 행복인가라는 궁금증이 든다. 아니면 지금 진짜 내가 행복한가라는 의문이 든다. 이제 중요한 것은 내가 지금 행복한가 아닌가가 아니라 행복이 무엇인가이다. 행복이 무엇인가에 따라 내가 행복한가에 대한 답도 달라지기 때문이다.

2005년 BBC TV 다큐멘터리 팀이 <슬라우 행복하게 만들기>라는 세계 최초의 행복실험을 하게 된다. 6명으로 구성된 행복위원회는 런던에서 조금 떨어진 작은 도시 슬리우에서 구성된 지원자들로 3개월에 걸친 사회실험을 진행했다. 피실험자들에게 생활하는 순간순간 전화를 걸어 얼마나 행복한지를 질문하고 답하게 했다. 이에 따르면 그들은 가족, 공동체, 사랑하는 사람과의 섹스, 쾌적한 환경, 사람에 대한 신뢰나 스트레스가 적은 출퇴근 환경을 통해 큰 행복감을 느낀다고 답했다. 이런 조사연구에 기반하여 행복능력을 향상시키는 행복 10계명도 등장한다. 매일 미소를 짓거나 나무를 기르는 것에서처럼 행복은 큰 것에 있는 것이 아니라 일상생활의 사소한 것에 놓여 있는 것이다. 집에서 멀지 않은 안정적인 일터에서 즐겁게 일하고 동료들과 한잔 걸친 후 집에 가서 섹스하는 것! 그러나 이것이 행복인가? 이는 단순히 우리가 삶의 어디에서 만족감을 느끼는지를 통계적으로 나타낼 뿐 내가 진정 행복한 삶을 살고 있는가에 대한 답이 될 수는 없다. 즉 행복이 무엇인가에 대한 고민없는 만족과 고통은 단지 순간적인 느낌일 뿐이다.

요즘 서점에 가보면 두 가지 종류의 책이 눈에 띈다. 하나는 처세술에 관한 것이며 또 하나는 치료, 치유에 관한 책이다. 현재 한국 사회의 키워드가 이렇게 웰빙(well-being)과 힐링(healing)으로 주목받는 것은 그만큼 행복하기를 원하고 또 그로부터 상처받은 마음을 치유하고자 하기 때문일 것이다. 웰빙은 결국 좋은 삶, 성공적 삶을 말하며, 힐링은 성공적 삶을 향한 과정에서 겪는 아픔을 치유하기 위한 것이다.

자기 일과 인간관계에서 성공하고자 하는 욕망은 처세술로 대변될 수 있으며, 이 성공을 위한 길에서 만나는 수많은 경쟁 속에서 생긴 병을 치유해야 하는 것이다. '아침마당'이나 많은 책에서 등장하는 성공적 삶을 산 사람들의 이야기는 성공하기 위해 이렇게 저렇게 살기를 요구하며 이런 저런 계명을 지키라고 말해 준다. 소피스트들이 지금 산다면 그들이 아닐까? 그러나 우리는 항상 어디에서나 나보다 능력이 뛰어난 사람을 만난다. 나는 좌절하고 상처받으며 경쟁에서 살아남기 위해 몸부림친다. 병든 마음은 치료받아야 한다. 치유로서의 인문학이 생겨난다. '힐링캠프'가 등장한다. 힐링 신드롬은 무한경쟁에서 실패하면 낙오자가 될 것이라는 불안감과 고립감에 시달리는 현대 한국인의 심리를 반영한 것이리라.

어느 때부터인가 대한민국은 자살 공화국이 되었다. 1960-70년대보다 지금 훨씬 많이 자살한다는 것은 명확하다. 그러나 예전엔 먹고 살기 조차 힘들었는데 왜 1인당 국민소득이 2만 달러를 넘어서는 지금 자살을 더 많이 할까? 삶의 만족도와 기대수명 등의 지표를 이용해 행복지수를 산출하는 영국 신경제재단(NEF)에 따르면 2010년 전체 151국 가운데 가장 행복한 나라는 2009년에 이어 코스타리카가 자리했으며, 베트남이 2위, 미국은 105위, 한국은 63위에 머물렀다. 경제력과 행복은 관련이 있겠지만 행복감에 크게 영향을 미치지 못한다는 결과이다. 한 연구에 따르면 소득이 어느 정도 증가함에 따라 행복감도 상승하지만 일정 수준의 소득에 도달하면 행복감은 더 이상 소득에 따라 증가되지 않는다고 한다.

그리고 현재 우리나라의 자살자 수는 OECD 30개 나라 중 자살사망률 1위, 2010년 10만 명 당 자살 사망자수는 31명에 이른다. 이는 하루 평균 42.6명이 자살하고 있다는 것이다. 자살의 이유는 다양할 것이다. 얼마 전 통장 잔고가 3,000원인

『성공을 위한
20가지 습관』
저자 싸인회
및 강연회
처세의기술
『성공을 위한
20가지 습관』

부부가 함께 자살한 일이 있었다. 그리고 학교폭력을 견디지 못한 고등학생이 아파트에서 뛰어 내렸다. 연예인들이 자살했으며, 전직 대통령이 바위에서 뛰어 내렸다. 타인이나 사회에 대한 저항의 의미로 자살하는 사람도 있을 것이며, 상대적 빈곤과 박탈에 삶의 무게를 견디지 못했을 수도 있다. 경쟁에 뒤처지는 자신의 능력을 탓하며 사회에 저항했을 수도 있다.

소리없는 저항은 지배담론에 대한 경종이 되어야 한다. 함께하지 못한다는 것은 그만큼 우리의 지배담론이, 우리 사회의 가치가 잘못되었다는 것이다. 우리는 지금 무엇을 중요하게 생각하고 있는가? 옆의 사람은 죽어도 나의 행복이 중요한가? 아니면 돈으로 대표되는 경제지상주의에 나도 살기 위해서 남의 죽음에 잠시 눈감아야 하는가?

힐링을 받지 못한 사람들이 찾는 최후의 도피처일까? 만약 그들이 행복하다고 생각했다면 스스로 목숨을 끊었을까? 행복을 찾으면서 자살을 생각하는 것은 일견 모순일 수도 있을 것이다. 그러나 자살의 대립이 행복이라면, 행복하지 못하다고 생각하기에 스스로 목숨을 끊을 것이다. 그러나 성공이 행복이 아니라면, 돈을 많이 버는 것을 행복이라 생각한 것이 오해라면 우리는 자살을 생각하지 않을 뿐만 아니라 웰빙도 힐링도 필요없지 않을까?

독일의 프리쯔 슈베르트 연구소(Fritz Schubert Institut)는 '행복학'이 일반학교의 정규 교과목으로 편성되기를 목표로 한다.

행복이 삶의 목적인데 아무도 행복이 무엇인지를 가르쳐주지 않는다. 자살하는 학생이 많다고 고등학교 창문과 옥상을 폐쇄할 것이 아니라 진정 아이들을 위한다면 행복이 무엇이며 행복하기 위한 길을 제시해 주는 것이 우선이 아닐까?

에리히 프롬은 『사랑의 기술』에서 다음과 같이 말하고 있다. '사랑은 기술이며, 기술이라면 사랑에도 지식과 노력이 필요하다. 사랑이나 행복은 우리가 우연한 기회에 경험하게 되는 즐거운 감정이 아니라 사랑하고 행복하기 위해서는 배우고 노력해야 하는 것이다.' 사랑은 단순히 '사랑받는' 문제가 아니라 사랑할 줄 아는 능력의 문제이며, 그렇다면 우리가 능동적으로 자신의 인격 전체를 발달시켜 생산적 방향으로 나가지 않는 한, 아무리 사랑하려고 노력해도 반드시 실패하게 마련이며, 이웃을 사랑하는 능력이 없고, 참된 겸손, 용기, 신념, 훈련 등이 없는 한, 개인적인 사랑도 성공할 수 없는 것이다. 그러나 사람들은 사랑과 행복에 대한 갈망에도 불구하고 사랑과 행복을 알려고 하지 않고 사랑하고 행복하려고 하는 것이 아니라 사랑과 행복 이외의 일들을 중요시여기고 있다. 진정으로 사랑하고 행복하려는 것이 아니라 단순한 즐거움과 만족에 안주하며 그의 결과인 웰빙과 힐링의 무한한 반복의 삶을 살아갈 뿐이다.

행복에 대한 생각은 대개 3가지로 구별될 수 있다. 만약 행복을 삶에 대한 만족, 기쁨이라고 생각한다면 이는 주관적인 행복관을 말한다고 할 수 있다. 동일한 환경에서도 어떤 사람은 행복하다고 할 수 있고 어떤 사람은 불행하다고 할 수 있다. 이런 주관적 행복관에 따르면 행복에는 정해진 기준이 없으며 각자 개인이 자신의 삶에 대해 어떻게 생각하는가가 중요하다. 예전에 1인당 국민소득, 교육수준, 복지수준의 정도에 따라 객관적인 지표에 의해 행복지수를 나타냈다면 주관적인 행복지수는 각 개인의 삶의 만족도를 측정하는 방법으로 결정된다. 이에 따라 후진국에서도 행복지수가 높게 나타나며 행복은 마음먹기에 달렸다는 말이 증명된다.

우리는 이런 행복관의 철학적 견해를 에피쿠로스학파에서 확인할 수 있을 것이다. 에피쿠로스에 따르면 행복은 쾌락이며 이는 고통이 없는 상태를 말한다. 고통이 없기 위해서는 우리의 욕망을 줄여야 한다. 욕심이 적을 때 우리는 쉽게 만족할 수 있으며 행복은 이런 마음의 평화에 놓여 있다.

이런 주관적인 행복관과 다른 객관적인 행복관을 제시한 철학자가 아리스토텔레스이다. 그는 행복과 쾌락은 무관한 것은 아니지만 동일시되는 것도 아니라고 생각했다. 왜냐하면 쾌락에 대한 사람들의 판단은 너무나 주관적이어서 사람마다 다르게 쾌락을 표현하기 때문이다. 보편적인 학문의 기틀을 마련하고자 한 아리스토텔레스에게 있어 주관적인 행복관은 자신이 생각한 행복의 기준에 맞을 수 없었다. 그는 행복에 일정한 기준이 있으며 이 기준은 행복이라고 말하기 위한 어떤 객관적인 지위를 갖는다고 생각했다.

주관주의적 행복관과 객관주의적 행복관을 이해하기 위해 원효 대사의 이야기를 떠올릴 수 있다. 원효는 친구 의상과 함께 당나라로 유학을 가는 길에 동굴에서 밤을 지내던 중 목이 말라 바가지에 담긴 물을 마셨는데, 다음 날 아침 깨어 보니 그 물은 해골에 담긴 물이었다는 일화이다. 이때 원효가 깨달은 것은 해골에 담긴 물이나 바가지에 담긴 물이나 둘 다 깨끗하기는 마찬가지이며, 해골에 담긴 물이 더럽다고 생각한 것은 내 마음에 의한 것이었다.[1] 이와 같이 주관주의적 행복관에 따르면 행복은 행복을 느끼는 사람들 주관의 마음에 달렸다는 것이다. 같은 상황에서도 사람마다 행복을 다르게 느낄 수 있기에 우리의 마음이 행복하도록 하는 것이 중요하다. 오늘날 못사는 나라의 국민들이 행복하다고 생각하는 것도 마음이 평화롭고 만족하기 때문일 것이다.

행복의 객관주의란 사람들이 가능한 최선의 삶을 사는 데 합리적인 기준이 있다는 관점이다. 따라서 행복은 자신의 욕망이 단순히 충족되었는가에 따라서가 아니라, 일정한 기준에 따라 평가되어야 한다는 것을 강조한다. 물론 행복은 그것을 말하는 각 개인의 심리적 상태와 무관하지 않다. 세상이 나를

---

[1] 김선욱, 『행복의 철학』, 도서출판 길, 2011, 19쪽 참조.

비난하더라도 내가 행복하면 그만인 것이다. 그러나 어느 정도 우리 사회는 각 시대에 따라 행복에 대한 공통된 기준을 공유하고 있다. 그렇기 때문에 우리는 타인의 삶을 때로 비난하거나 존경할 수 있는 것이다. 원효가 썩은 시궁창에 고인 빗물과 바가지에 고인 빗물이 같은 물이라고 생각하지는 않을 것이다. 내 마음과 상관없이 깨끗한 물과 더러운 물의 차이는 있다. 간디가 자신의 마음을 수양하여 자신의 곤궁한 상황과 남의 어려운 상황에도 불구하고 스스로 만족하여 자신만의 행복한 삶을 살았다면 결코 존경받지 못했을 것이다.

이런 점에서 객관적 행복관을 대변하는 아리스토텔레스의 행복관과 주관적 행복관을 대변하는 에피쿠로스의 행복관은 오늘날에도 그 모양이 변형되어 나타나고 있다. 원효가 느낀 일체유심조의 생각은 오늘날 내가 없으면 세상이 없다는 개인주의적 사고방식으로 등장한다. 한 사회에서 역사와 문화를 거쳐 형성된 가치들보다 나의 만족 또는 내 가족의 만족이 우선시된다. 또한 내가 죽어도 세상은 계속 존재할 것이라는 객관주의적 생각은 공동체주의적 윤리학으로 등장한다. 한 공동체 구성원들이 중요하게 생각하는 사회적 선들이 존재하며 이는 개인들이 태어나기 전부터 존재했으며 이를 통해 개인들의 정체성은 형성되고 실현되는 것이다.

그리고 이 두 관점의 비판과 반성을 통해 종합적 견해를 가지려는 노력은 현대에도 지속되고 있다. 사적인 삶과 공적인 삶은 오늘날 점점 그 경계가 흐려진다. 아리스토텔레스가 사적인 삶과 공적인 삶의 구분을 통해 공적인 영역에서의 자아실현을 행복으로 강조했다면, 에피쿠로스는 공적인 삶의 혼란을 거부하고 사적인 삶의 강조를 통한 개인의 평화를 추구했다. 근대 사적인 삶과 공적인 삶을 조화시킴으로써 개인 삶의 의미를 타인과의 조화 속에서 찾음으로써 행복을 구하고자 한 철학자는 칸트이다. 그에 따르면 개인의 만족을 통한 행복은 주관적인 것에 머물 수밖에 없으며 진정한 행복이 되기 위해서는 이 주관적인 행복이 타인의 인정에 기반한 것이어야 한다. 도덕적 행동은 모든 사람들의 인정 위에서 가능하며 그럴 때 나의 삶도 행복할 수 있는 것이다.

행복의 기준

행복이 무엇인지 막연하다면 먼저 행복을 평가하기 위한 기준과 행복이 가능하기 위한 조건을 찾아보아야 한다. 무엇이 무엇인지가 명확하지 않을 때 그 무엇을 무엇이라 말하기 위한 조건을 알면 우리는 그것에 대해 좀 더 명확히 알 수 있다. 한나 아렌트라는 독일 출신의 현대 여성철학자가 쓴 『인간의 조건』은 인간이 무엇인지를 세세히 말하지 못하지만 인간 삶의 조건을 제시함으로서 인간다운 삶이 무엇인지를 말해주고 있다.

　우리는 여기서 아리스토텔레스의 이야기를 먼저 할 것이다. 그는 행복에 대해 최초로 체계적인 정의를 내리고 어떻게 하면 행복할 수 있을까에 답한 철학자이기 때문이다. 그에 따르면 우리가 행복하다고 말하기 위해서는 두 가지 기준을 만족시켜야 한다.

　첫 번째로 우리가 행복하다고 말하기 위해서는 삶 전체를 판단해서 말해야 한다. 아리스토텔레스의 말에 따르면 한 마리의 제비가 날아온다고 봄이 오는 것도 아니요, 하루 아침에 여름이 되는 것도 아닌 것처럼, 인간이 복을 받고 행복하게 되는 것도 하루나 짧은 시일에 되는 것은 아니다. 한순간 만족하고 행복감을 느낀다고 하여 우리는 일반적으로 행복하다고 말하지 않는다. 지금 만족하기 때문에 행복하다고 말하더라도 언제든 나중에 잘못되어 행복하지 않을 수 있기 때문이다.

　지금 행복을 말하기 위해서는 지금을 내 생애 전체에서 판단해야 한다. 지금 만족한다는 것은 나의 과거를 인정한다는 것이다. 지나온 날들이 지금의 나를 이루고 있기에. 또한 지금 만족한다는 것은 미래의 나를 계획하고 그 꿈을 향해 지금 잘 나아가고 있다는 판단이다. 지금의 나를 구성하는 것은 과거의 나와 미래의 나의 꿈들이 합쳐져 형성된 것이다. 따라서 지금 내가 행복한 지를 판단할 때 우리는 과거와 미래를 함께 비춰 생각하고 말하는 것이다. 오늘은 과거의 결과이며 미래는 지금이 쌓여 이루어지는 것이다. 만약 나의 미래를 알고 싶다면 지금을 관찰하면 될 것이다. 내가 지금 무엇을 가장 열심히 하고 있으며 무엇에 가장 관심을 가지고 있는지. 따라서 행복을 말하기 위해서는 나의 과거를 돌이켜보고 미래에 비추어 나를 생각하며 삶의 전체적인 시각에서 지금의 나를 판단해야 한다.

둘째로 행복을 말할 때 우리가 염두에 두어야 할 것은 행복은 지속적인 감정이라는 것이다. 만약 행복을 순간적인 만족이나 즐거움으로 생각한다면 우리의 삶은 행복했다 행복하지 않았다의 무한한 반복일 것이다. 더울 때 아이스크림을 먹고 행복하다고 말하진 않는다. 아이스크림을 다 먹으면 즉시 행복하지 않을 것이기 때문이다.

"만일 우리가 운수의 변화하는 여러 국면에 주의를 기울이면 우리는 가끔 같은 사람을 두고 때로는 행복하다 하고 때로는 비참하다고 하게 될 것이요, 또 행복한 사람을 카멜레온 같고 밑바탕이 튼튼치 못한 사람이라 하게도 될 것이다. 그런데 이와 같이 어떤 사람의 운수를 따져 그 사람의 행복 여부를 결정한다는 것은 아주 잘못된 일이 아닐까? 인생의 성공이나 실패는 운수에 달려 있는 것이 아니요, 인간 생활이 운수를 필요로 하는 것은 앞서 말한 바와 같이, 한갓 잉여물로서일 따름이다."[2]

만약 지금은 힘들고 어렵더라도 그 일이 내가 하고 싶은 일의 과정이라면 참을 수 있다. 도서관에서 늦게까지 공부한 후 집으로 돌아갈 때 힘들었지만 어느 정도 뿌듯한 느낌을 가질 수도 있다. 또 친구들과 다투거나 일이 잘 풀리지 않을 때도 쉽게 좌절하지 않는 것은 내 삶이 지속적인 과정에 있기 때문이다. 그렇다면 행복이라는 것도 어느 정도 지속적인 만족감을 가질 때 우리는 행복하다고 말할 수 있지 않을까?

마지막으로 하나 더 첨가할 수 있는 행복에 대한 기준으로 행복은 과정으로 이해되어야 한다는 것이다. 삶은, 산다는 것은 지속되는 생명과 더불어 과정으로서 존재한다. '나'라는 것은, 생명이라는 것은 어느 한 순간 멈춰있는 것이 아니다. 우리의 육체와 정신은 매 순간 끊임없이 변화한다.

우리의 사유는 무엇을 포착함으로써 인식에 도달한다. 우리가 안다는 것은 우리의 사유가 무엇을 무엇이라고 인식할 때 가능하다. 즉 A는 A임을 확인할 때 우리는 비로소 그것에 대해 알게 되는 것이다. '나무는 나무이다'고 말하며 그것을 또 모든 사람이 맞다고 생각하기에 나무에 대한 인식에 도달하게 되는 것이다. 그러나 자세히 들여다보면 나무는 바로 그 전과

---

[2] 아리스토텔레스, 최명관 역, 『니코마코스 윤리학』, 서광사, 2003, 51쪽.

똑같은 나무가 아니다. 매 순간 변화하고 있다. 우리가 무엇을 무엇이라고 규정할 때 그것을 앎과 동시에 오해가 발생하는 것이다. 우리가 너를 너라는 사람으로 규정할 때 너를 오해하기 시작하는 것이다. 우리의 앎은 변화의 순간을 포착하지 못하기 때문이다. 따라서 참된 인식의 논리를 탐구하는 영역에서 아리스토텔레스의 동일률이외에 변증법적 논리가 등장하게 된다. 변증법이란 바로 변화하는 사물들을 인식하기 위한 우리 사유의 논리를 말한다. 시간 속에서 끊임없이 변화하는 존재하는 것들을 파악하기 위해 우리의 사유도 고정되지 않기 위해 노력해야 한다. 이를 위해 끊임없이 자기비판과 반성이 요구되는 것이다.

우리의 삶이 변화하는 것이라면 행복 또한 우리 삶에 관한 생각이기에 우리는 행복한 삶을 과정으로 이해해야 한다. 행복이 과정이 아니라 정지된 상태로 이해된다면 행복한 다음이 문제시된다. 행복한 다음 계속 행복하기 위해 우리는 어떻게 해야 하는가? 행복의 공백이 찾아온다면 허무함이 우리를 힘들게 할 것이다. 어떤 힘든 목표를 성취한 후 느끼는 것이 행복이라면 그 순간이 지나면 찾아 드는 허무를 극복하기 어렵다. 행복 다음의 목표를 정하기가 어렵기 때문이다. 그러나 행복은 과정이지 도달하고 성취하는 어떤 것이 아니다.

행복의 사회적 조건

우리는 일반적으로 행복을 내가 느끼는 감정이라고 생각하기 때문에 행복을 이야기할 때 사회를 등한시하는 경향이 있다. 그러나 내가 자아실현을 잘할 때조차도 또는 내 마음이 평화로울 때조차도 만약 내가 일한 만큼의 정당한 보수를 받지 못한다면 또는 내 동료들이 억울한 일을 당해 힘들다면 나의 행복을 참된 행복이라고 생각할 수 있을까? 왜 하느님의 아들인 예수는 십자가를 짊어졌으며 왜 부처님은 해탈한 후에도 중생들을 찾아다니며 고행을 자처했을까? 전태일이 저항한 것은 개인의 행복이 사회와 관련되어 있음을 우리에게 알리려고 한 것이 아닐까?

행복의 사회성을 이야기할 수밖에 없는 것은 행복을 느끼는 나는, 즉 살아가는 주체인 나는 누구와도 다른 독자성과 함께 사회 속에서 다른 사람들과 같이 살아야 하기 때문이다. 행복을 이야기하는 것은 나의 행복을 말하는 것이며 그렇다면 내가 무엇인지를 먼저 알아야 한다. 나의 정체성을, 내가 누구이며 무엇을 잘 하고 무엇을 좋아하는지 나에게 무엇이 중요한지를 알지 못한다면 나의 행복은 기만일 수밖에 없다. 나는 어떤 인간일까?

먼저 나를 구성하는 독자성에 대해 말해보자. 독자성, 고유성이란 내가 그 누구와도 다르다는 것을 의미한다. 현대적 의미에서 인간 정체성의 해명을 위해 노력을 기울이는 캐나다 철학자 찰스 테일러에 의하면 나는 다른 사람과 머리카락의 수가 차이 나기 때문에 다른 것이 아니다. 그와 내가 피부색이 다르기 때문에 다른 것도 아니다. 내가 그 누구와도 다른 고유한 독자성을 가지고 있다는 것은 내가 그 누구와도 다르게 태어났고 내 주위의 환경이 다른 모든 사람과도 다르다는 것이다. 유전적 이유에서든 환경적 요인에서든 심리적 요인에서든 우리는 살면서 이런 나의 독자성을 경험한다. 나의 성격, 관심, 가치, 꿈 등 나와 같은 사람은 없다는 것을. 내가 타인과 그렇게 많은 이야기를 하는 것도 이렇게 다른 나를 이해시키고자 하는 과정일 것이다.

우리는 인간 존엄에 대해 많은 이야기를 하고 듣는다. 어쩌면 도덕성의 최고 목적은 인간 존엄을 현실에서 실현하는 것이다. 인간은 존엄하기 때문에 수단으로 취급되어서는 안 되며 많은 도덕적 논쟁들에서 인간 존엄이 어떻게 실현되는지에 따라 해결 방안이 달라진다. 예를 들어 '안락사를 허용해야 하는가?', '인공유산을 허용해야 하는가?' 등의 문제를 결정할 때 중요한 근거는 인간 존엄을 어떻게 실현할 수 있는가하는 것이다. 태아가 이미 인간이라면 인공유산은 허용될 수 없다. 안락사라는 것도 인간 존엄을 지키기 위해 인간의 품위를 유지할 수 없는 상황에서는 죽을 권리가 있다고 인정하든지 아니면 그럼에도 불구하고 인간이기에 그 존엄은 자의와 타의에 상관없이 지켜져야 한다는 것이다.

그러나 자본주의는 돈을 수단으로 가치를 매기는 사회이다. 돈이 교환수단이 되기 위해서는 모든 것은 돈으로 환산되어야 한다. 돈으로 환산될 수 없는 것은 교환될 수 없고 가치가 없는 것이다. 즉 교환을 위해 상품화될 수 없는 것은 가치가 없는 것이다. 모든 것을 돈으로 환산하는 방식에 우리의 사고가 익숙해지고 돈 많은 것이 가장 가치가 많다는 것을 의미한다면 우리는 쉽게 인간조차 돈으로 환산하여 계산한다. 공무원은 결혼할 때 어느 정도의 등급가치를 가지며, 어떤 직업은 얼마의 가치를 가지는가가 돈의 관점으로 환산된다. 대학교를 가지 못한 사람은 은행에서 대출할 수 있는 가치조차 떨어진다. 행복조차 돈으로 살 수 있다고 생각한다.

그러나 이 세상에 하나뿐인 것은 어느 정도의 돈으로 환산될 수 있는가? 과연 한 사람의 삶은 돈으로 계산될 수 있을까? 그 누구와도 다른 모든 인간은 가치로 매겨지지 않는다. 즉 교환될 수 없다. 이 사람은 영원히 한번뿐인 삶이다. 고유하고 독자적이기에 존엄할 수밖에 없는 인간의 삶은 가치평가로 결정될 수 없는 것이다. 만약 우리가 진정 인간이 존엄하다고 생각하며 그렇게 나와 타인을 만난다면 우리의 삶은 아마 크게 변화할 것이다.

다시 한번 내 마음을 자세히 들여다보자. 나는 깨어 있을 때 주로 무슨 생각을 하는가? 내가 생각하는 내용은 무엇인가?

당신의 꿈이 무엇이냐고 물어보자. 아마 대부분의 대답은 의사나 변호사, 과학자, 연예인 등 직업의 형태로 이야기할 것이다. 이미 우리 사회에 중요한 역할로서 자리매김하고 있는 직업 중에서 나의 꿈을 선택한다. 이는 우리의 생각이 이미 우리가 자라온 환경, 역사, 문화에 영향 받고 있다는 증거이다. 우리가 지금 연예인이나 IT기술자, 의사나 변호사가 되고 싶다는 것은 현재 우리 사회가 이 직업들에 중요한 역할을 맡기고 있기 때문이다. 내 마음 속에 자리한 생각은 끊임없이 타인에 대한, 세계에 대한 이해이다. 즉 개인은 이런 세계에 대한 이해로부터 구성되며 이로부터 자기정체성이 형성되고 자기실현을 이루고자 하는 것이다. 그렇기 때문에 나의 꿈은 이미 사회에서 중요시하는 것을 내면화한 것이다. 인간이 사회적 동물이라는 것은 인간은 사회 속에서만 자기실현을 할 수 있다는 의미일 것이다. 인간은 독자성 외에 사회성을 가진 존재이다.

현대 사회에 가장 중요한 사회윤리 중 하나는 자유주의이다. 이는 개인의 자유와 권리를 존중하고 개인이 사회에 독립적인 존재로서 자신에 반하는 사회의 결정에 의해 자신의 자유와 권리가 침해되어서는 안 된다는 것이다. 서양 근대 귀족과 상인들은 왕권에 대립하여 자신의 권리에 대한 주장을 확

규제하기 위한 규칙만이 문제시된다. 내가 절차를 어기지 않는 이상 나의 모든 사적 삶과 가치들은 방해받지 않는다. 사적 생활과 공적생활의 이런 명확한 구별은 결국 개인의 사회에 대한 독립성에 기반한다. 그러나 사회의 정치적 형태가 자유주의의 이론에 따라 구성원들의 목적을 성취하기 위한 단순한 결합체로 이해된다면, 그 사회의 구성원은 자신의 행복 추구를 공동체의 목적과 의미와 분리하여 생각하게 된다. 사회는 자신의 행복을 이루기 위한 수단일 뿐이기에 공동체 속에서의 자기실현은 결국 단순한 개인의 만족에 머물게 된다. 그러나 만약 나의 만족이 그리고 그 만족을 가능하게 하는 나의 꿈이 이미 사회와 관련되어 있고 그 사회로부터 형성된 것이라면, 개인과 공동체와의 분리는 곧 개인 행복의 조건인 자기 정체성과 자기실현이 그 가능성의 근거를 잃어버리게 되는 것이다. 이는 결국 자기를 구성하는 사회를 제대로 이해하지 못한 결과이며 그로부터 나오는 자기실현은 이미 자기와 관련된 사회를 무시한 결과이기에 왜곡된 자기만족일 뿐이다.

다른 한편으로 만약 한 공동체에서 그 공동체의 의지 자체만 강조된다면 이는 어떤 차이나 선의의 경쟁을 허용하지 않는 독재로 흐를 수 있다. 독일 영화 <디 벨레>가 있다. '물결', '파도' 등으로 번역될 수 있는데 그 영화에서는 자기 정체성을 가지지 못한 학생들이 의지할 수 있고 소속감을 가질 수 있는 집단에 동화되어 전체주의 사회가 만들어지는 과정을 묘사하보하고자 한다. 이에 따라 왕뿐만 아니라 인간이라면 모든 인간은 자신의 권리가 타인으로부터 침해될 수 없다는 것이 귀결되었다. 모든 개인들이 사회에 대해 고유한 인격성과 권리를 가지고 있다는 생각에서 자유주의가 비롯되어 세상을 파악하는 방법을 정교히 하는 과학기술의 발달과 함께 성장하게 되었다. 그리고 그 이면에는 인간의 독자성을 강조하는 인간학적 이해가 놓여 있다.

현대 서구의 다원주의가 별무리없이 진행되고 있는 이유는 이런 자유를 주장하는 다양한 개인들이 함께 모여살기 위한 방법을 오랫동안 고민해 왔기 때문이다. 칸트 이래 자유주의에 바탕을 둔 현대 형식주의적 절차주의는 다양한 개인들이 공동생활을 가능하게 하는 규범을 정립하는 방법을 고안하기 위한 것이다. 이에 따르면 만약 어떤 공동의 의사결정을 하기 위해서는 모두가 합의할 수 있는 절차가 중요하며 이 절차에 따른 결정은 존중되어야 한다는 것이다. 그 외 서로 다른 세계관을 가진 사람과의 만남은 관용이라는 가치에 의해 충돌을 모면할 수 있었다. 가치관의 차이는 관용의 우선적 가치에 의해 해소되며, 이해관계의 대립은 절차에 의해 해결될 수 있었다.

관용과 절차주의에 의해 유지되는 세계. 그러나 이는 곧 사적세계와 공적세계의 구분에 의해서만 가능하다. 사적세계에서 발생하는 나의 꿈과 가치관은 공적세계를 지배하는 절차에 의해 지배받지 않는다. 공적인 영역에서는 단지 공동생활을

고 있다. 개인과 집단이 동화되어 결국 "디벨레가 없다구? 그럼 나도 없는 거야!"고 외치는 학생의 목소리는 전체주의가 언제, 어디서나 가능함을 우리에게 알려주고 있다. 만약 우리가 인간의 사회성만을 강조한다면 개인의 고유성까지 침해될 수 있다.

개인과 공동체의 관계는 독자성과 사회성에 기반하여 언제나 상호작용의 관계이다. 개인의 독자성을 보호하며 사회성을 발전시킬 수 있도록 어떤 사회도 구성되어야 한다. 마틴 셀리그만이 『긍정심리학』에서 행복의 세 번째 기준으로 긍정적 제도를 말한 이유도 여기에 있다. 만약 우리 사회가 공정한 민주주의적 절차로 질서 지워지며 또한 이 절차 자체가 우리의 좋은 삶에 대한 가치를 반영하는 것이라면 우리가 그 공동체 내에서 성취히는 행복은 결국 스스로에게 큰 기쁨을 줄 것이다. 왜냐하면 나의 행복은 곧 공동체 구성원들이 공유하고 있던 좋은 삶에 대한 표상에 의해 인정되기 때문이다. 이는 결국 개인 행복의 사회적 조건 자체는 우리 공동체 구성원 각자의 자기이해에 의존한다는 것을 의미한다. 각자가 어떤 사회적 제도를 만들고 어떤 공동체를 형성하는가에 따라 다시 그 공동체는 각 시민들의 행복을 위한 실질적인 토대가 될 수 있는지 결정된다.

JÜRGEN VOGEL
FREDERICK LAU
JENNIFER ULRICH
MAX RIEMELT
CHRISTIANE PAUL
DIE WELLE
OFFICIAL SELECTION 2008 SUNDANCE FILM FESTIVAL
EIN FILM VON DENNIS GANSEL
www.welle.film.de
Constantin Film

II. 아리스토텔레스의 행복

학문의 아버지, 아리스토텔레스[3]

"철학자들에게 두 번씩 죄를 짓게 하지 않겠다."

<알렉산더>라는 영화에서 아리스토텔레스를 만난 건 우연이었을까? 2004년에 개봉한 알렉산드로스 왕의 일대기를 다룬 영화는 할리우드의 대재앙이라는 말을 남기고 사라졌지만 그 영화에 등장하는 철학자 아리스토텔레스는 나에게 묘한 기쁨을 주었다. 철학자가 영화에 등장하다니.

그러나 아쉽게도 철학자 아리스토텔레스는 그곳에서 영웅 알렉산드로스의 스승임에도 불구하고 그 위대함을 발휘할 기

---

[3] 이 부분은 오트프리트 회페의 『철학의 거장들 1』과 장 마리 장브의 『아리스토텔레스』, 클라우스 헬트의 『지중해 철학기행』에서 많은 도움을 받았다.

회를 얻지 못한다. 영화에서 아리스토텔레스는 그리스 동쪽 나라들을 미개하고 야만적이라고 무시하는 반면에 알렉산드로스는 용기있는 자가 꿈을 이룬다고 말하며 영웅의 면모를 보여 주고 있기 때문이다. 알렉산드로스 왕은 다른 나라를 정복하고 파괴하는 것이 아니라 그 나라의 문화를 존중하고 포용하는 흡수 통합정책으로 대제국을 건설할 수 있었다.

실제로 아리스토텔레스는 기원전 343년부터 335년까지 펠라의 마케도니아 궁정에서 알렉산드로스(기원전 356~기원전 323)의 가정교사로 살았다. 그러나 그가 알렉산드로스에게 얼마나 어떤 영향을 끼쳤는지는 추측할 도리밖에 없다.

● 자신의 저서 '자연사'를 집필하기 위해서 아리스토텔레스에게 다양한 동물을 가져오라고 명하는 알렉산드로스 대왕. (장 밥티스트 드 샹페뉴, 1672)

이제 카메라를 아리스토텔레스에게 돌려보자. 여기서는 그가 주인공이니까. 왜 마케도니아 왕 필립포스는 그를 자신의 아들 알렉산드로스의 교사로 삼았을까? 이는 대철학자 중 한 명이 장래의 위대한 왕을 교육했던, 세계 역사상 유례를 찾아보기 어려운 예이다. 그러나 아리스토텔레스는 그의 저작 어디에도 이 제자를 특별히 언급하고 있지 않다. 플라톤이 "철학자들이 왕이거나 혹은 왕들이 철학자가 되기 전까지는 세상은 개선되지 않을 것이다."라고 말한 반면에 아리스토텔레스는 "직접 철학을 하는 것은 왕에게는 필요 없을 뿐만 아니라 심지어 방해가 된다. 그러나 왕은 참된 철학자의 말을 듣고 따라야 한다."고 생각했다. 이 생각에 따라 아리스토텔레스는 장차 왕이 될 사람을 가르쳐 세상을 바꾸고자 했는지도 모른다. 그러나 영화에서 아이러니한 것은 스승의 말을 듣지 않은 왕이 대제국을 건설했다는 것이다.

우리가 마주치는 현실은 항상 이념, 이상과 경험적 실재 두 가지로 구성되어 있다. 우리가 사용하는 개념들은 어떻게 생각하면 완전한 것들이다. '정삼각형을 그려라'는 말을 듣고 우리가 머리에 떠올리는 정삼각형은 완전한 것이다. 우리는 이 개념을 가지고 생각하며 말한다. 그러나 우리가 현실에서 구체적으로 그리는 정삼각형은 언제나 불완전한 것이다. 플라톤이 여기에서 현실의 이상주의적 측면을 강조했다면 그의 제자 아리스토텔레스는 현실의 경험적 측면을 강조하고자 했을 것이다. 어차피 현실에 기초하지 않은 이념은 공상에 불과하며 이념이 없는 현실은 갈 곳 몰라 방황하게 된다. 학문이란 개념들이 사태와 맞아떨어지고 체계적인 설명력을 갖는 범위에서 존재 의미를 지닌다. 이상적인 철학자가 현실의 정치에 뛰어든다면 언제든 실패할 수 있다. 그러나 정치가 진리, 참에 기반하여 이루어진다면 얼마나 좋을까?

이런 이념과 현실의 대결은 철학사 전체에서 자주 등장하는 논쟁의 시발점이다. 현대 윤리학에서 가장 큰 논쟁점 중의 하나는 인간의 존엄과 자유를 위해서 보편주의적 원리가 필요한가 아니면 각각의 고유한 전통과 문화를 중시하는 맥락주의적 시각을 가져야 하는가이다. 보편주의적 원리를 도출하기 위해서는 현실의 구체적이고 개별적인 상황은 어느 정도 무시될 수밖에 없지만, 전통과 문화의 개별적 원리만을 중시한다면 이 전통과 문화가 옳은지 그른지를 판단하기 어렵다. 현실이 옳지 않다고 판단하는 것은 이념 때문이다. 그렇다면 그 이념이 올바른지는 어떻게 아는가? 다시금 현실을 바로 보아야 하지 않을까?

아리스토텔레스는 기원전 384년에 그리스 북동부의 소도시 스타게이라에서 태어났다. 마케도니아 왕실의 시의 니코마코스의 아들로서 유복한 가정에서 성장했으며, 수준 높은 교육을 받았다. 그런데 후에 아리스토텔레스는 자신의 두 번째 부인 헤르필리스에게서 태어난 아들도 니코마코스라 이름 짓는다. 우리가 보게 될 아리스토텔레스의 윤리학 저술이 『니코마코스 윤리학』인 것은 우연이 아니겠지만 아버지와 아들 중 누구를 기리기 위해 책 이름을 그렇게 지었을까? 결혼을 하여 자식을 갖게 된 사람들은 종종 이렇게 이야기한다. 세상이 달라졌다고. 이전까지 세상을 보는 눈이 아이들이 생김으로써 아이들에 관한 기사가 제일 먼저 눈에 띄고 내 삶의 중심이 아이들로 옮겨짐을 경험한다고 말한다.

우리는 어쩌면 모두 다른 세상을 보고 있다. 네가 보는 세상과 내가 보는 세상이 다르기에 밤새 그렇게 이야기하고 서로를 오해하며 싸우고 화해한다. 우리가 사는 것은 어쩌면 서로 다른 세상을 조화시키고 합치기 위해 노력하는 과정이 아닐까? 그렇다면 아리스토텔레스도 자신의 윤리학 강의를 결국엔 자기 아이를 위해 그리고 모든 아이들을 위해 쓰지 않았을까? 아이들은 그 누구도 그 무엇도 될 수 있는 가능성을 가지기에 그 자체로 존중되어야 한다. 어떤 사회이든지 그 사회의 아이들이 보호받지 못하고 행복하지 않다면 그 사회는 병들고 미래가 없을 것이다. 그렇다면 아리스토텔레스의 윤리학은 그 시대 학생들이 어떻게 하면 행복할 수 있는지를 알려주는 '행복학' 교본이라 할 수 있다.

기원전 367년에 그는 아테네로 보내진다. 그 당시 플라톤의 아카데미아는 오늘날의 대학 기능을 수행하고 있었고 그곳에서 아리스토텔레스는 20년을 보낸다. 오랜 기간 그는 학업과 독자적인 연구에 몰두했다. 부지런한 독서가로서 박식하지만 현실 경험도 중시한 아리스토텔레스는 플라톤과 그 제자들의 사유만이 아니라 소피스트와 소크라테스 이전 철학자들과 의술인들의 저작도 알고 있었으며, 고대 그리스의 서정시와 서사시, 극들에도 정통했다.

그가 남긴 저작은 모두 400여 권으로 추정되는데, 그 중 일부만이 보존되고 있다. 플라톤의 작품들이 잘 간수된 반면에 아리스토텔레스는 죽었을 때 유명한 학원장이 아니었기 때문에 그의 작품 대부분은 사라지고 우리에게 전승된 저술들 대부분은 강의록이라 할 수 있다. 따라서 아리스토텔레스 대부분의 저술들은 자신에 의해서 또는 다른 사람과 제자들에 의해 추고되었기 때문에 때로는 일관되지 못하고 여러 시기가 겹쳐지기도 한다. 한동안 잊혀졌다가 후에 로마로 전승된 이 책들을 정돈하여 출간한 사람은 기원전 1세기에 활동한 아리스토텔레스의 첫 주석가라고 할 수 있는 로도스 출신의 안드로니코스였다.

우리가 일반적으로 알고 있는 아리스토텔레스 전집의 체계적인 배열은 편집자인 그에 의해 이루어졌다. 수미일관되게 구성되고 통일성을 갖는 철학적 체계의 이념에 따라 아리스토텔레스의 저작은 배열되었다. 먼저 논리적이고 과학이론적인 글들이 예비적인 지식으로서 맨 앞자리에 놓였다. 이어서 자연철학적인(심리학적인 글을 포함하여) 글들이 배치되었다. 그 뒤를 잇는 것이 자연학 다음에 오는 것이라 하여 Meta-Physik이라 불려졌다. 이 글들은 자연의 배후, 근원을 탐구하는 것으로 자연학 다음에 위치하여 Metapysik이라 불려졌다. Meta의 의미는 '나중' 또는 '뒤, 후'를 의미하는 말로써 편집자인 안드로니코스가 자연철학의 범주에 속하지 않는 글들을 모아 자연철학 '뒤'에 그것을 배치했기에 Metaphysik이라 이름붙인 것이다. 아리스토텔레스 자신은 이 글들을 자신의 책에서 제일철학 또는 신학이라 부르고 있다. 오늘날 Metaphysik을 형이상학이라 번역하는 것은 Meta의 또 다른 의미, '무엇을 넘어', '배후에', '초월하여'란 뜻을 강조하여 자연의 배후에 있는 근원적인 것에 대한 탐구를 강조한 결과라고 할 수 있다. 즉 오늘날 형이상학이라는 명칭은 이렇게 우연과 필연의 결합으로 형성된 것이다. 마지막이 윤리학과 정치학, 수사학과 시학이다. 아리스토텔레스의 실천철학은 일반적으로 『니코마코스 윤리학』, 『에우데모스 윤리학』, 『대윤리학』, 『정치학』 속에 전승된다. 그러나 『에우데모스 윤리학』의 많은 내용이 『니코마코스 윤리학』의 내용과 중복되며, 『대윤리학』은 그 진위가 의심스럽다. 따라서 『니코마코스 윤리학』이 강의록임에도 불구하고 내용의 풍부함과 상세함 그리고 수준 높은 완성도를 지니기에 오늘날까지 윤리적 저술의 대표작 중 하나로 알려지고 있다.

『정치학』의 첫머리는 인간의 자기이해의 표준적 공식이 되어버린 인간의 본성에 관한 두 가지 근본명제를 담고 있다. 인간은 본성상 정치적 동물이라는 것과 이성과 언어능력을 갖춘 동물이라는 것이다. 우리는 첫 번째 규정을 인간은 생물학적으로 정치공동체에서 살아야 하는 것이라고 이해해서는 안 된다. 본성상 정치적 동물이라는 것은 인간은 자신을 정치공동체에서만 실현할 수 있다는 것이다. 물론 혼자서 살수도 있다. 그러나 인간이 자신의 본성을 제대로 실현하기 위해서는 정치공동체에서의 활동을 통해서 가능하다는 것이다. 그리고 여기서 정치공동체는 오늘날의 좁은 의미로 이해되어서는 안 된다. 정치공동체는 그리스 시대 공적인 생활을 담보하는 곳으로 사적 생활이 유지되는 가정 이외 모든 공간을 의미한다. 따라서 정치공동체는 오늘날 사회를 의미하는 것으로 이해된다. 즉 인간은 사회적 동물인 것이다. 인간으로 인정받는다는 것은 인간이 공적인 활동을 수행한다는 것이며, 이것이 곧 인간의 본성을 실현하는 것이다. 그렇다면 인간은 자신의 본성을 실현하기 위해 공적인 삶을 살아야 하며, 이런 의미에서 모든 인간학적 규정은 윤리적 내용을 함축한다. 우리가 인간을 어떻게 생각하느냐에 따라 우리 삶의 조건과 목적이 달라지는 것이다. 인간이 사회적 동물이라면 우리는 사회 속에서 공적인 활동을 통해 자신을 실현하도록 **해야 한다**.

아리스토텔레스의 『정치학』은 이뿐만 아니라 국가의 기원과 목적을 현실적, 규범적으로 논하고 있다. 현실의 정치체제를 분석할 뿐만 아니라 이상국가의 정체원리들이 규명되고 있다. 좋은 것으로 간주되는 것은 공익에 기여하는 정체이며, 나쁜 것으로 간주되는 것은 지배자들 자신의 이익만 추구하는 정체이다. 국사에 참여하는 사람이 하나인가, 소수인가, 국민 모두인가에 따라 좋은 정체로는 왕정, 귀족정, 입헌국(politeia)이 있다. 나쁜 쪽에는 지배자 한 사람의 이익만 돌보는 참주정, 부유한 사람들의 이익만 대변하는 과두정, 가난한 사람들의 이익에 집중되어 있는 민주정이 있다. 따라서 로마 시대에서는 공익을 위한 정체로서 공화정이 등장하며 이를 실현하기 위해 혼합정의 형태를 취하게 된다. 한 국가가 공화정의 형태를 취할 때, 예를 들어 귀족과 인민이 함께 통치를 할 때 한 계급의 이익만 실현하는 것이 아니라 공익을 위한 정치가 가능하다는 것이다. 로마가 그토록 오랫동안 대제국을 유지할 수 있었던 것도 이 공화주의적 정치체제가 많은 시민들의 이익을 대변할 수 있었기 때문일 것이다. 오늘날 다양한 계층이 공존하는 민주정에서도 민중이 공익이 아니라 자기 이익의 실현에만 관심이 있다면 우민정치가 등장할 수 있다. 되도록 많은 사람들의 이익을 보장하기 위해 만든 민주주의가 한 집단만의 이익을 대변하게 될 때 우리는 정의를 부르짖게 되며 그때 정의의 기준은 공익에 놓여있어야 한다. 민주주의가 공화주의와 결합될 때 민주주의는 자신의 단점을 극복할 수 있다. 그래서 우리나라도 민주공화국인 것이다. 오늘날 공화주의가 다시 강조되는 이유도 시민들의 공적인 일에 대한 참여와 공익에 대한 관심이 한 국가가 올바르게 되기 위해 보장되어야 하기 때문이다.

기원전 347년 플라톤이 죽은 다음, 당시 시행되고 있던 상속법에 따라 아리스토텔레스가 아니라 플라톤의 조카 스페우시포스가 아카데미아의 원장이 된다. 아리스토텔레스는 그리스의 독립을 위협하는 마케도니아 출신이었기에 어떤 정치적 위험 때문에 아테네를 떠나게 된다. 그 후 소아시아와 레스보스 섬에서 5년을 보낸다. 이 지역의 동물들과 어류에 관해 그가 생물학 방면의 저술에 남긴 것을 미루어보건대, 여기서 생물학의 표본을 연구하는 데 많은 시간을 할애했을 것이다.

마케도니아왕 필리포스의 초청을 받아 알렉산드로스의 선생이 되어 그가 동방원정에 나서기 전까지 가르친 후 펠라에서, 그리고 얼마 후에는 그의 고향인 스타게이로스에서 다시 학문 연구와 생물학적 관찰을 하게 된 것으로 짐작된다. 그는 필리포스가 죽은 지 얼마 되지 않은 기원전 335년에 아테네로 돌아가, 그 후 12년 내지 13년 동안 리케이온이라는 학원을 세우고 거의 모든 분야의 학문 연구를 계획하고 연구하는 일에 몰두한다. 페리파토스(Peripatos : 지붕이 있는 회랑, 걷기에 좋은 낭하, 또는 토론실)라 불리기노 했넌 리케이온을 세워 학생들과 동료들을 불러 모았으며, 유명한 알렉산드리아와 페르가몬 도서관의 모범이 되는 도서관과 자연사 박물관을 세웠다.

플라톤의 아카데미아가 지금의 대학처럼 토론과 강의를 통해 특징지어진다면, 리케이온은 소요학파라 불리듯이 길을 걸으며 서로 얘기를 나누는 것으로 특징지어진다. 만약 머리가 복잡하다면 걸어보라. 곰곰이 생각하며 걷다보면 서서히 생각이 정리되는 것을 느껴볼 수 있을 것이다. 인간의 이성은 육체와 연결되어 있기에 때론 육체와 함께 작용할 때 리듬을 찾는 것이 아닐까? 칸트가 산책을 그렇게 중요시하며 그의 생각을 다듬었던 것도 이런 이유 때문일 것이다.

알렉산드로스가 죽은 다음 아리스토텔레스는 다시 아테네를 떠난다. 추측컨대 알렉산드로스의 죽음 후 아테네의 반마케도니아 음모에 휩쓸리지 않고자 했을 것이다. 그 역시 소크라테스를 죽음에 이르게 한 불경죄로 고발되었고 아테네인들로 하여금 철학자들에 대해 두 번씩 죄를 짓게 하지 않겠다고 말하며 그 도시를 떠났다.

플라톤의 대화편『크리톤』에서 소크라테스는 어떤 시민이 한 도시에 산다는 것은 그 도시의 법과 명령에 따르겠다는 것을 의미하는 것으로 다른 도시로 떠나지 않은 이상 자신은 그 도시의 원칙을 지켜야 하며 따라서 죽음을 피하지 않겠다고 말한다. '너 자신을 알라'는 신의 명령 속에서 참된 지식 또는 시, 공간을 초월한 보편적인 지식을 찾았던 소크라테스는 시대와 장소에 한계 지워진 국가의 명령에 부딪히게 되고 결국 비극에 이르게 된다. 동일한 명령에 대해 완전히 다른 소크라테스와 아리스토텔레스의 반응에 대해 역사는 소크라테스를 성인으로 아리스토텔레스를 위대한 철학자로 자리매김하고 있다. 그러나 이런 평가와 달리 오늘날까지 보편적인 것과 특수한 것의 싸움은 이어지고 있다.

그 당시 노예와 여자가 아닌 시민들은 정치적 삶이 곧 자신의 삶이었다. 추방되거나 다른 도시로 이주한다는 것은 정치적 삶의 포기이며 곧 자신의 삶을 실현할 기회를 잃어버리는 것이다. 그렇다면 한 사회에 남아 그 사회의 한계를 비판하는 것은 가능할까? 고대 소크라테스의 진리에 대한 추구는 그 당시 시민들의 무지를 일깨우며 기존의 관습과 습관을 비판하도록 일깨웠을 것이다. 소크라테스에 의하면 '자기의 삶을 검토하지 않는 삶은 살 가치가 없는 것이다.' 기존의 권력자들은 사회의 불안을 가져오는 이런 소크라테스의 명령을 불온한 것이라 규정짓고 추방하거나 사형시키고자 했을 것이다.

기존의 사회규범이나 국가의 명령이 불합리한 경우 우리는 어떻게 해야 할까? 오늘날 인간 존엄과 개인의 권리에 대한 존중은 국가의 불합리성에 대한 시민불복종과 저항권을 정당화해주고 있다. 시공간에 한정된 국가의 법이 보편적인 기준에 비춰봤을 때 잘못될 수 있다는 생각이 시작된 것은 근대 이후이다. 그러나 칸트에게서조차 개인의 저항권은 아직 정당화되지 못했다. 그리고 인간존중이나 인권이 보편적으로 타당하다는 생각이 만연한 오늘날에도 각 국가별로 그 인권은 다르게 규정되고 보호되고 있다. 보편타당성과 개별적이고 특수한 것의 강조 사이에 또 다시 논쟁이 발생한다. 소크라테스나 아리스토텔레스가 오늘날 살았다면 저항권을 통해 자신의 신념을 지킬 수 있었을까?

그러나 어머니의 출생지인 에우보이아의 칼키스로 간 아리스토텔레스는 그곳에서 일 년도 채 못 되어 62세(기원전 322)의 나이에 세상을 떠났다. 그러나 플라톤과 달리 현실 경험에서 출발하여 이념에 이르고자 하는 그의 철학은 이후 철학의 거대한 흐름으로 지금까지 이어지고 있다.

행복이란?

누군가 나에게 행복이 무엇이라고 말해주면 좀 더 쉽게 살지 않을까? 그것도 대철학자라면? 여기서 보게 될 아리스토텔레스의 행복관은 객관주의적 행복개념으로 정의될 수 있다. 어쩌면 철학자들 중 가장 명확하게 행복을 정의한 사람이 아리스토텔레스일 것이다. 그는 행복은 이런 것이고 인간은 행복하기 위해 이렇게 해야 한다고 말한다. 그러나 아쉽게도 그는 2000년 전의 사람이기에 우리는 그의 말을 현대적으로 해석해야 할 의무를 가진다. 삶의 조건이 달라질 경우 삶을 표현하는 언어 역시 오늘날에 맞게 써질 때 의미가 발생할 수 있다. 윤리학이란 것은 현재적 조건에서 삶의 의미가 무엇이며 어떻게 구성되어야 하는지를 밝히는 학문일 수 있다.

『니코마코스 윤리학』 첫 구절에서 아리스토텔레스는 다음과 같이 말한다. "모든 기술과 탐구, 또 모든 행동과 추구는 어떤 선을 목표삼는 것이라 생각된다. 그러므로 선이란 모든 것이 목표삼는 것이라고 한 주장은 옳은 것이라 하겠다." 이 말의 의미는 인간의 모든 행위는 어떤 목적을 가지고 있고 그 목적은 좋은 것을 의미한다는 것이다. 반면에 어떤 목적, 의도를 가지지 않은 행위는 무의미하다고 할 수 있다. 내가 조용히 쉬는 것도 나의 육체적 또는 정신적 건강을 위한 것이며, 내가 사람을 만나거나 TV를 보거나 밥을 먹는 것도 무언가를 위한 행동이다. 모든 인간은 의식적으로 행하는 일을 통해 특정한 무엇인가에 도달하고자 한다. 그리고 그 목적이 사랑이건 쾌락이건 사는 것이건 간에 이 목적은 선, 즉 좋은 것이다. 우리는 나에게 좋은 것을 목적으로 하지 내가 싫어하는 것을 원하는지는 않는다. 지금 하는 일이 싫거나 힘들어도 하는 것은 그 행동이 결국은 나에게 좋기 때문에 하는 것이다.

이 목적들 산에는 또한 순서가 존재한다. 결국 내가 사랑을 하는 것도 쾌락을 추구하는 것도 행복을 위한 것이 아닐까? 내가 지금 공부하는 것은 좋은 일자리를 구하기 위해서이며 좋은 일자리는 돈을 많이 벌기 위해서이고 돈을 많이 버는 것은 결국 가족을 이뤄 도란도란 행복하게 살기 위한 것이 아닐까? 그렇다면 나의 모든 행위는 결국 행복을 추구하는 것이 아닐까? 따라서 아리스토텔레스는 행복을 인간 행동의 최고 목적, 즉 최고선이라 부른다. 행복은 최고의 목적이기에 우리는 무엇을 하기 위해 행복하고자 하는 것은 아니다. 무엇을 위해서 행복을 추구하는 것이 아니라 행복 그 자체가 목적인 것이다. 우리가 하는 모든 일의 목적으로서 그것 자체 때문에 우리가 원하는 것이 있다면, 따라서 무슨 일을 우리가 선택하든 그것 이외의 다른 어떤 것 때문에 선택하는 것이 아니라면 그것이 최고의 목적이며 최고선일 것이다. 아리스토텔레스는 행복이야말로 모든 사람들이 보편적으로 추구하는 삶의 궁극적 목적이라 생각했다.

우리가 부나 명예, 건강을 꿈꾸는 것도 그를 통해 행복하기 위해서인 것이다. 어쩌면 2000년 전이나 지금이나 우리가 옛날이야기를 말하며 듣고 하는 것은 인간의 사회적 환경은 달라지지만 태어나서 먹으며 모여 사는 것은 동일하기 때문일 것이다. 달라지는 것은 단지 어떻게 먹으며 어떻게 모여 살며 어떤 방식으로 사느냐 하는 것이다. 원시 공동체냐 노예제냐 봉건제냐 민주적이냐의 삶의 방식은 달라지지만 그 속에서 행복을 추구하는 사람들의 근원적인 삶은 동일하지 않을까? 그렇기에 옛날 사람의 이야기를 듣고 감동하며 눈물 흘리고 존경하고 비판하는 것일 테이다.

인간 삶의 궁극적 목적이 행복일 수는 있다. 즉 내 행동의 최종 목적은 결국 나의 행복을 위한 것이다. 그러나 이 행복이 어떻게 충족되는가는 사람들마다 의견이 갈린다. 사람들마다 각자 다른 기준이 있을 것이고 그것을 인정한다면 주관적 행복관을 말한다고 생각할 수 있다. 그러나 만약 좋은 삶, 최고선으로서의 행복을 위해 한 가지 방식만이 존재한다고 생각한다면 객관적 행복관을 주장하게 된다.

세상은 항상 변화하고 존재하는 것은 사라지고 새로운 것이 생긴다. 현실의 생성변화에 직면하여 이 세상의 참된 진리를 찾는 사람들은 현실을 불변하고 영원한 진리의 그림자이거나 모방이라 생각하기도 한다. 그에 따르면 최고의 선이나 진리는 이념이나 이상으로서 현실을 벗어난 세계에 존재한다고 생각할 수도 있다.

그러나 아리스토텔레스는 진리가 다른 세상에 존재한다는 것을 믿을 수 없었다. 라파엘로가 그린 '아테네 학당'은 이런 플라톤과 아리스토텔레스의 특징을 잘 묘사하고 있다. 플라톤의 손이 하늘을 가리키고 있다면 아리스토텔레스는 땅을 가리키고 있다. 아리스토텔레스에게 중요한 것은 현실이고 이 현실에서 겪게 되는 경험인 것이다. 우리는 태어나기 전의 이데아를 기억함으로써 세계에 대한 앎을 얻는 것이 아니라 일상에서의 경험을 통해 앎이 시작되는 것이다. 그리고 현실에서 우리가 얻기를 추구하고 노력하는 것이 바로 선인 것이다. 우리가 자연적으로 추구하는 욕구의 대상이 선이며 그 선의 최고 위치에 행복이 놓여 있다.

현실 경험에서 출발하는 인식을 참다운 것으로 인정하기에 좋은 삶, 성공적 삶을 추구하는 사람들을 목격하고 그 사람들의 행위 목적을 선으로 인정한다. 그리고 최고의 목적은 최고

● 라파엘로가 그린 아테네 학당

로 좋은 것, 최고선으로 행복이외 다른 것이 아니다. 그렇다면 이 다양한 실천들과 삶이 목적으로 하는 것이 행복이라면 행복에 대한 하나의 정의가 있지 않을까? 다양한 실천들에서 그 실천들의 본질을 탐구하고 보편적인 기준을 확립하고자 한 아리스토텔레스는 모든 학문의 아버지라 불리기도 한다. 학문이란 것이 어떤 앎에 대한 보편적인 기준을 세우는 체계적 작업이라면 말이다.

그렇다면 행복을 추구하는 다양한 사람들의 모습에서 어떻게 행복을 위한 공통적인 방법을 찾을 수 있을까? 인간은 어떻게 하면 행복할 수 있을까? 모든 사람들의 동의를 구할 수 있는 객관적 행복개념을 밝혀 행복한 삶을 위한 지표를 세우고자 한 아리스토텔레스에게 이 문제를 푸는 방식은 의외로 단순하다. 아리스토텔레스는 그 답을 인간에서 찾는다. 즉 인간이 무엇인지, 인간의 기능이 무엇인지를 알 때 우리는 행복에 대한 길을 찾을 수 있다는 것이다.

볼펜의 목적은 쓰는 것이다. 그러면 볼펜은 써지고 있을 때 잘 기능하고 있으며 잘 존재한다고 할 수 있다. 그렇다면 볼펜의 최고 목적이자 행복은 잘 써질 때이다. 음악가나 조각가, 기술자들도 그들이 자신의 일을 잘 할 때 우리는 좋은 음악가, 조각가, 기술자라 표현한다. 즉 어떤 목적을 갖고 있는 것에는 그 목적, 기능을 잘 수행할 때 우리는 좋다는 표현을 사용한다. 현실에서 우리는 경험을 통해 이미 이런 사실을 알고 있다. 어떤 사람이 자신의 주어진 역할을 잘 할 때 우리는 좋다는 표현을 사용한다.

그렇다면 인간 모두에게 공통된 어떤 목적, 기능은 없을까? 그리고 만약 그런 기능이 있다면 그것을 잘 수행할 때 좋게 존재하는 것, 즉 잘 사는 것이 아닐까? 그리고 잘 사는 것이 곧 행복한 것이다. 그렇다면 인간의 고유한 일과 기능은 무엇일까? 우리가 자신의 고유한 일, 자기에게 맞는 일을 탁월하게 수행할 때, 바로 그 상태가 행복한 상태이며, 그때 우리가 느끼는 기쁨과 쾌락이 참된 행복일 것이다.

이런 문답에서 결국 모든 인간에게 공통적으로 말할 수 있는 행복개념이 도출된다. 즉 객관주의적 행복관이 드러나는 것이다. 만약 우리가 인간의 기능을 알 수 있다면 그것을 잘 수행하는 과정에서 우리 모두는 행복을 느낄 수 있을 것이다. 그리고 아리스토텔레스에게 따르면 인간의 기능은 삶이다. 즉 어떤 종류의 생이요, 이 생은 이성적 원리를 내포하는 정신의 활동 내지 행위이며 훌륭한 사람의 기능이란 이러한 활동 내지 행위를 훌륭하게 수행하는 것이다. 고대 그리스의 각 시민들은 자신의 역할이 주어져 있었고 이 삶을 살아가는 것이 정치적 삶이요 곧 인간의 삶이었다. 그리고 이런 역할을 잘 수행할 때 그는 탁월한 삶을, 성공적 삶을 사는 것이다.

생각해보면 인간이 태어나 존재한다는 것은 산다는 것이다. 삶이 문제인 것이다. 그리고 삶은 하나의 과정 또는 활동이다. 즉 어떤 활동인 것이다. 그리고 이 활동이 어떻게 수행되는가 가 문제이다. 이 활동은 생존을 위한 영양섭취적이고 생육적 인 부분과 감성지각에 따른 활동과 이성에 따른 활동으로 구 분될 수 있을 것이다. 그러나 인간이 무엇인가에 대답하고자 할 때 우리는 일반적으로 다른 동물과 구별되는 것으로 인간 고유의 특징이 무엇인가에 답하려고 한다. 인간을 정의할 때 가장 흔한 것이 인간은 이성적 동물이라는 것이다. 육체적 생 존을 위한 영양섭취적이고 생육적인 활동은 식물도 공통적으 로 갖고 있는 기능으로 인간만의 특유한 것은 아니다. 또한 감 성지각에 따른 활동도 말이나 소처럼 다른 모든 동물에 공통 되는 현상이다.

이렇게 볼 때 인간의 이성적 능력만이 나른 동물과 구별되 는 것이며 이 능력에 따른 활동이 인간의 고유한 특징이 아닐 까. 그래서 고대 사람들은 이 능력을 신이 부여해 준 것으로 생각하기도 했으며, 불멸한다고 믿기도 했다. 아리스토텔레스 는 이 능력을 techne, phronesis, nous, episteme, sophia로 구별한다. 이 중 뒤에 3개는 필연적이고 영원한 것을 추구하는 인식능력 이며, 앞에 2개는 우연적인 것에 관심을 갖는 것이다. 필연적 이고 영원한 것에 관심을 갖는 지적 능력은 이론적인 학문을 가능하게 하며, 우연적인 것을 향하는 지적 능력은 생산적이고 실제적인 학문인 윤리학과 정치학을 가능하게 한다.

'techne(기술)'은 제작과 생산을 가능하게 하는 능력이다. 제작은 변화하는 대상을 다루므로 그때그때 가장 합리적인 방식을 찾고 사용하도록 한다. 인간이 세계와 만나는 방식을 크게 노동과 상호작용으로 분류할 때 노동에서 작용하는 능력이다. 이 기술적 능력을 통해 우리는 어떤 일을 효과적으로 완수하게 된다. 무엇인가를 만들고 창조하며, 창출하고, 생산하는 모든 곳에 필요한 일종의 숙련된 앎이다. 'phronesis(실천적 지혜)'는 변하는 것, 우연적인 것에 관련되지만 제작과 생산이 아니라 인간의 행동에 관련된다. 자신에게 좋은 것과 나쁜 것을 구별하고 어떤 상황에서 어떻게 행동하는 것이 좋은지를 숙고하는 것이다. 따라서 실천적 지혜를 가진 사람은 자신에게 좋고 유익한 것을 반성하여 행복에 이르는 길을 찾을 수 있다. 넓은 의미에서 실천적 지혜는 상호작용의 영역에서 타인과 만날 때 어떻게 행동해야 하는가를 규정하는 능력이다. 아리스토텔레스의 의미에서 만약 인간 삶의 목적이 행복이라면 이 목적을 실현하기 위해 각 상황에서 어떻게 행동해야할지를 결정한다. 이 능력은 우리 행위가 처하는 항상 새로운 상황에서 상황에 맞게 행위하도록 한다.

'episteme(학문적 지식)'의 대상은 필연적 존재이다. 따라서 이 인식능력은 존재의 필연성과 보편성을 인식하는 것이다. 모든 존재하는 것들은 시공간에서 우연적으로 존재하지만 그 배후에는 필연성에 의해 규정된다. 소나무 씨앗은 소나무가 될 수밖에 없다. 따라서 이 인식능력은 존재의 필연성을 인식하여 보편성으로 그것을 규정하며 언제 어디서나 참된 지식을 도출하게 한다. 이 참된 지식에 근거하여 모든 학문적 지식이 가능하게 된다. 'nous(정신, 이성)'은 사고와 판단을 위한 순수한 지적 활동이다. 이 능력에 근거해 우리는 학적 인식의 근본 전제 자체를 인식하는 것이다. 'sophia(지혜)'는 지식의 형태들 가운데 가장 완성된 것이다. 이 인식능력은 근본원리에서 도출된 결론을 알 뿐만 아니라 이 원리들 자체에 대한 개념을 인식한다. 그러므로 지혜는 학문적 지식과 이성의 결합으로 가장 고귀한 것들에 관한 것이다. 철학을 말하는 philosophia, 지혜사랑은 따라서 근원적인 것, 보편적인 것에 대한 인식 욕구일 수 있다. 『형이상학』에서 아리스토텔레스가 말하듯이 인간은 본성상 앎에 대한 욕구를 가진 존재이다. 그렇다면 우리가 철학을 하는 것은 또는 철학적 물음을 던지는 것은 우리가 인간이기에 어쩔 수 없이 제기할 수밖에 없는 것이다. 또는 인간이기에 우리는 이런 질문을 하고 있는 것이다. 진리는 무엇인가, 어떻게 살아야 하는가, 신은 존재하는가, 세상의 끝은 무엇인가라는 질문들은 우리가 세상살이에 잊고 있지만 언제든지 불쑥 찾아와 한번쯤 고민하게 된다.

인간의 기능(ergon)이 이성적 원리를 따르거나 이것을 내포하는 정신의 활동이라면, 그것을 잘 하는 것(arete)이 결국 인간이 추구해야 할 좋은 것(선)이며, 이것에 따라 사는 것이 곧 행복이라 할 수 있다. 어떤 일을 하는 사람과 그것을 잘 하는 사람이 같은 종류의 기능을 갖고 있다면, 즉 거문고를 타는 사람과 그것을 잘 타는 사람이 결국 같은 기능을 가진 것이고 또 다른 모든 경우에 있어서 무엇을 잘 한다고 하는 것은 결국 그것의 기능이 뛰어난 것이라고 하면, 인간의 기능은 이성적 활동이며, 이 활동을 탁월하게 하는 것이 행복인 것이다. 즉 아리스토텔레스에게 행복은 정신의 탁월한 활동이외 다른 것이 아니다. 어떤 기능을 잘 수행하는 이 탁월함을 그리스 사람들은 '아레테'라고 부르는데, 이 단어는 흔히 '덕'으로도 번역되고 있다. 왜냐하면 덕은 도덕적 탁월성을 의미하기 때문이다. 따라서 오늘날 덕 윤리를 통해 현대 윤리적 문제를 해결하고자 한다면 이는 오늘날 인간의 기능과 역할을 먼저 탐구해야 할 것이다.

인간 정신의 탁월한 활동이라는 행복의 정의는 앞에서 제시한 행복의 세 가지 기준을 만족시킨다. 즉 탁월한 사람은 또는 탁월하려고 노력하는 사람은 가장 적극적으로 또 가장 계속적으로 자신의 활동 중에서 인간의 기능을 수행한다. 따라서 행복의 기준인 지속성, 영속성이 이런 사람에게 속한다고 말할 수 있다. 무언가를 소유함으로 얻는 만족은 지속적인 것이 아니라 순간적이다. 만족과 불만족의 롤러코스터인 것이다. 삶의 기간 많은 사건이 우연히 생기며 작은 행운과 불운이 우리의 삶을 지배한다. 그것은 우리에게 어느 정도 순간적인 기쁨, 만족과 슬픔, 고통을 안겨준다. 그러나 만약 행복이 자기 기능의 지속적인 실현이라면 작은 기쁨과 고통에서도 지속적인 행복감이 자신에게 자리할 것이다. 또한 이런 활동과 과정에서 행복을 느낀다면 이는 잠깐 동안 판단하는 감정이 아니라 생애 전체를 통해 자신을 실현하는 과정이기에 과거와 현재, 미래를 함께 고려하게 된다.

그러나 인간의 이성적 부분만이 인간에게 고유한 것인가? 그렇다면 우리는 이성적 능력만을 발전시키고 활용하도록 노력해야 할 것이다. 그러나 우리는 건강이 무엇인지 안다고 하여 건강하게 되지는 않는다. 예전에는 '아침에 도를 들으면 저녁에 죽어도 좋다.'는 말도 있었지만 진리를 안다고 하여 행복하지 않을 수도 있다. 왜냐하면 행복에 관련된 실천적인 영역은 진리와 참을 추구하는 이론적인 영역과 구별될 수 있기 때문이다. 우리의 행동을 일으키거나 그만두게 하는 것은 감정이거나 의지일 수 있다. 그리고 이 부분에서 다른 동물과 구별되는 또 다른 인간만의 고유한 특성이 존재할 수 있다.

따라서 먼저 아리스토텔레스는 정신을 이성적 부분과 비이성적 부분으로 나눈다. 그리고 그 각각은 다시 두 부분으로 구별된다. 정신의 비이성적 부분 중 하나는 그 본성이 식물적인 것이다. 생존하기 위하여 영양분을 섭취하고 소화하는 등의 작용을 하는 요소이다. 이는 모든 생물에 공통되는 것이며, 인간의 고유한 부분이라고 할 수 없다. 또 다른 하나의 비이성적 요소는 충동이나 욕구적 요소로 불린다. 우리는 때로 이성에 반해 욕망이나 충동에 의해 너무 많이 먹거나 쾌락에 탐닉하기도 한다. 이성적으로 생각할 때 해서는 안 되는 일들을 욕망이나 욕구에 의해 자제를 못하기도 한다. 이 부분이 정신의 비이성적 요소로 불린다. 그러나 동물과 달리 인간의 고유한 특징은 이 욕구적 요소가 때로 이성의 원리에 따라 자신을 자제할 수 있다는 것이다. 즉 인간의 비이성적 요소는 이성적 원리에 귀를 기울이고 순종할 수 있다. 우리가 충동이나 욕구에 따라 행동하더라도 때로 이성의 말에 따라 행동한다는 것은 이 비이성적 요소에 이성적 원리가 포함되어 있기 때문이다. 우리가 다이어트를 위해 적게 먹거나 담배를 끊기 위해 노력하는 것도 비이성적 요소가 이성적 원리에 따라 설득되고 순종된다는 의미이다. 만약 욕구에 따라 충동에 모든 것을 맡겨버리면 이성의 원리에 귀 기울일 수 있는 힘을 버리고 비이성적 원리에 자신을 맡기는 것이다.

비이성적 요소가 두 부분으로 나누어지는 것처럼 이성적 요소도 다시 두 부분으로 나누어진다. 하나는 그 자체 속에 이성적 원리를 가지고 있는 완전히 이성적 부분이며, 다른 하나는 비이성적 요소와 관련되는 부분이다. 순수하게 이성적 부분은 앞에서 거론한 5가지 이성적 능력이며, 비이성적 요소와 관련된 이성적 부분은 이성적 요소이면서 욕구나 충동에 관련되어 이를 이끌고 순종시키는 능력이다.

행복이 정신의 탁월한 활동이라면 이제 이런 정신의 구분에 상응하는 탁월성이 또한 구별될 수 있다. 정신의 이성적 요소에 상응하는 탁월성과 이성적 부분과 비이성적 부분이 겹치는 요소에 상응하는 탁월성이 그에 해당된다. 왜냐하면 이 두 부분이 인간의 고유한 요소이기 때문이다. 따라서 아리스토텔레스는 앞의 것을 지적인 탁월성(지적인 덕)이라 부르며, 뒤의 것을 도덕적 탁월성(도덕적 덕)이라 부른다. 지적인 탁월성은 앞의 인식능력에서 말했듯이 sophia나 episteme, nous가 해당되며, 도덕적 탁월성은 우리가 어떤 사람의 좋은 성품을 말할 때 지칭하는 것이다. 용기 있다거나 절제를 잘 한다는 것은 도덕적 탁월성을 지칭하는 것이다. 즉 인간의 의지와 욕구가 어떻게 이성과 관련되는가에 따라 만들어지는 것이다. 인간의 의지와 욕구가 충동에 따라 가는 것이 아니라 이성의 말에 순종하게 될 때 탁월하게 된다.

아리스토텔레스에 따르면 무릇 탁월함(덕)이란 그것을 가지고 있는 것을 좋은 상태에 이르게 하고 또 그것의 기능을 잘 발휘시켜 주는 것이다. 예를 들어 눈의 덕은 눈과 눈의 기능을 좋게 하는 것이다. 즉 눈이 건강하고 잘 보게 되는 것이다. 말의 덕은 말 그 자체를 좋은 말이 되게 하며, 잘 달리게 한다.

따라서 인간의 덕도 인간을 선하게 하며 그 자신의 일을 잘 하게 하는 성품이라고 할 수 있다.

지적인 탁월성은 대체로 교육에 의해 발생하고 성장한다. 따라서 그것은 경험과 시간을 필요로 한다. 이런 의미에서 아리스토텔레스는 어린 아이들이 진정으로 행복하기는 어렵다고 생각한다. 아직 성숙한 나이에 이르지 못했다는 것은 지적으로 탁월하게 되기 위한 경험과 시간이 부족하다는 것이다. 이는 곧 지속적인 행복을 가지기 어렵다는 의미일 것이다. 어린 아이들이 순간적인 만족과 불쾌에 자주 휩싸이는 것을 보면 아직 지적인 능력이 탁월하게 되지 못한 결과로 설명될 수 있다. 현대 도덕발달 심리학을 주장하는 학자들 또한 도덕발달의 단계는 구분될 수 있으며 최종단계에서 가장 진보된 도덕 판단을 하게 된다고 말한다.

도덕적 탁월함은 아리스토텔레스에 따르면 습관의 결과이다. 성품에 따른 행동은 우리가 그렇게 함으로써 발생하는 것이다. 먼저 실천함으로써 비로소 탁월하게 된다. 우리는 옳은 행위를 함으로써 옳게 되고, 절제있는 행위를 함으로써 절제있게 되며, 용감한 행위를 함으로써 용감하게 된다. 성품은 각기 그것에 상응하는 활동을 하며 자주 할 때, 즉 습관화될 때 그렇게 되는 것이다. 대개 우리는 구체적이고 개별적인 경우에 도덕적 판단을 한다. 이것이 동일한 경우 자주 반복될 때 우리는 습관을 형성하게 한다. 따라서 도덕적 탁월함은 우리가 좋은 습관을 가질 때 발생하는 것이다. 따라서 윤리학은 어떤 습관이 인간에게 적합한지, 인간이 어떤 습관을 가져야 좋게 되는지를 분석해야 한다.

'ethik', 'ethics'의 어원인 그리스어 'ethica(도덕적, 윤리적)'는 'ethos'에서 유래했다. 그리고 에토스는 습관에 의해 익숙하게 된 상태를 가리킨다. 따라서 에토스는 관습을 뜻하기도 한다. 우리가 윤리학이라고 번역하는 'ethics'는 원래 관습과 전통에 따라 행해지는 규범이나 가치에 대한 학문을 말한다. 'Moral'을 번역한 '도덕'이라는 말의 어원은 라틴어 'mos'이다. 그리스어 에토스를 라틴어로 번역한 'mos'의 2격인 'moralis'에서 'moral'이 생겼으며 우리가 이를 일반적으로 '도덕'이라고 번역하고 있다. 도덕과 윤리는 일상에서 같은 의미로 사용된다. 윤리학을 도덕철학이라고 표현할 수 있는 것도 그 때문이다. 인간이 어떤 윤리적 방향에 따라 습관적으로 삶을 영위하는지를 분석해보면, 어떤 방식으로 삶을 영위하는 것이 가장 의미있는지가 밝혀진다. 따라서 도덕과 윤리는 그 시대의 규범과 가치를 드러내 준다고 할 수 있다.

그러나 어느 순간부터 윤리와 도덕을 구별하고자 하는 경향이 생겨났다. 이는 아리스토텔레스 윤리학의 불충분함에 기인할 수도 있다. 특히 칸트는 도덕적, 윤리적 말들의 근원을 분석함으로써 도덕적 명제가 어떻게 가능한지를 해명하고자 했다. 만약 도덕과 윤리가 에토스이며 전통, 관습, 풍습을 의미한다면, 옳은 삶이란 기존의 사회적 행동의 전통적 양식으로서의 풍습, 관습에 맞는 행동을 하고 살아간다는 것을 의미한다. 그러나 소크라테스의 경우에도 나타나듯이 영웅이란 기존의 것에 대한 비판으로부터 시작해 새로운 규범을 창조하고자 한다. 이때 창조된 규범의 정당성은 기존의 가치에 따라 판단될 수 없다. 기존의 규범과 가치에 얽매이지 않고 자신의 정신에 따라 새로운 규범의 정당성을 판단하기 위해서는 자유로워야 한다. 방종이 아니라 자유로운 인간만이 반성을 통해 기존 가치관을 비판할 수 있으며 새로운 가치를 요구할 수 있다. 따라서 중세까지의 도덕적 이상은 그 시대의 가치와 규범에 따르는 덕스러운 인간을 목표로 했다면 근대에서부터는 자유로운 인간이 되는 것이 가장 중요하게 된다. 덕은 그 자체가 목적이 아니라 자유로운 인간이 되기 위한 규범으로 된다. 따라서 여기서 전통적 윤리와 반성적 도덕이 구별된다.

그러나 현대 규범윤리학자들에 의해 윤리와 도덕은 또 다시 의미가 분화된다. 윤리는 그 시대의 가치와 규범을 대변하기에 자기정체성과 자기실현의 관점에서 파악되는 가치관의 표현이다. 반면에 도덕은 공동생활을 위해 공동체 구성원들이 지켜야 하는 규범, 규칙을 의미한다. 윤리와 도덕이 이렇게 구분되는 이유는 현대 다원주의 사회에서 각 개인의 가치관은 다양하여 보편타당한 규범으로 형성될 수 없다는 이유에서이다. 그에 반해 이 다양한 가치관을 가진 사람들이 세계 공동체를 이루기 위해 하나의 통일적 규범이 필요하게 된다. 현대의 특징이 다원주의, 다문화주의로 대표된다면 오늘날 도덕은 곧 이 시대에 보편타당한 도덕규칙을 정당화하여 다원주의를 가능하게 하기 위한 원리로 이해된다. 그리고 이는 전통적 윤리에서가 아니라 반성적 도덕에서만 가능하게 된다. 현대사회 윤리의 가장 큰 흐름 중 하나는 이 반성적 도덕을 강조하는 자유주의이다.

이제 다시 문제는 어떻게 인간은 도덕적 탁월함을 행할 수 있는가이다. 여기서 아리스토텔레스가 제시하는 것은 중용이다. 그에 따르면 모든 좋은 것은 부족이나 과도로 말미암아 파괴되기 때문이다. 따라서 도덕적 탁월함(arete, 덕)은 중용에서 생긴다. 이는 도덕적 상황에서 어떻게 행동해야 할지가 문제일 때 너무 지나치지도 않고 너무 부족하지도 않게 행동해야 한다는 것이다. 아리스토텔레스가 도덕적 탁월성으로서 예로 드는 지혜, 용기, 절제, 긍지 등도 도덕적 상황에서의 중용의 상태로 설명하고 있다.

지혜는 지나치게 똑똑함과 어리석음의 중용이다. 용기는 비겁함과 만용의 중용이다. 긍지는 오만과 비굴함의 중용이다. 절제는 지나친 욕망과 모자라는 욕망의 중용이다. 그러나 이때 중용은 단순히 산술적인 중간이 아니라, 가치적인 균등을 말한다. 균등은 과도와 부족의 중간으로서, 가치적 균등은 우리가 어떤 것의 관계에서 우리가 가지게 되는 중간을 말한다. 따라서 전쟁터에서 용기는 무모하게 진격하는 것이 아니라 적절한 때에 나아가고 물러날 줄 아는 것이다. 이와 같이 도덕적 탁월함은 모든 도덕적 상황에서 중용에 따라 행동하는 것이다.

자기 자신과의 관계에서 나타나는 가장 대표적인 탁월함이 절제이다. 비이성적 부분의 쾌락에 대한 욕구는 아무리 채우려 해도 채울 수 없을 만큼 그칠 줄 모르는 것이요, 욕망의 활동은 그 속에 내재하는 힘을 증가시키며, 욕망이 강하고 격렬할 때는 이성적 지혜의 힘마저 몰아내기 때문이다. 따라서 정신의 욕망적 부분은 이성적 이치를 따라야 한다. 절제하는 사람은 그가 마땅히 갈구해야 할 것을 마땅히 갈구해야 할 정도로, 그리고 마땅히 갈구해야 할 때에 갈구하기 때문이다.

절제가 자신의 감정과의 관계에서 나타나는 탁월함이라면, 정의는 자신과 이웃의 관계에서 나타나는 탁월함이다. 이런 면에서 정의는 완전한 덕으로서 가장 큰 덕이기도 하다. 왜냐하면 이 덕은 자기 자신뿐만 아니라 타인에게 유익한 일을 하기 때문이다. 이런 의미에서의 정의는 넓은 뜻에서 법에 따르는 사람이며, 공정함을 의미한다. 그러나 이 점에서 우리는 의문이 생긴다. 법을 따르는 것이 공정한가? 법은 과연 공정함만을 나타내는가? 우리의 경험에 의하면 때때로 법은 법을 만드는 자들의 이익만을 대변하는 경우도 있다. 그렇다면 아리스토텔레스가 법과 정의를 연결시키는 이유는 무엇인가?

현실상의 법만이 법은 아니다. 현실적이고 개별적인 국가들에서 제정된 법은 서로 상이하기도 하고 오늘날 관점에서 보면 공정하지 않을 수도 있다. 그러나 법이 추구하는 것은 일반적으로 모든 사람들의 공동이익이다. 법이 올바르게 만들어지기 위해서는 공익이 최고의 목적이 되어야 한다. 따라서 폴리스 시대에 옳은 행위란 국가적 공동체를 위하여 행복 또는 행복의 조건들을 산출하고 보전하는 행위이다. 이렇게 볼 때 법 자체는 그 시대의 공정함을 대변하고자 한다고 볼 수 있다. 단지 한 계급의 이익만을 대변하거나 적용의 과정에서 공정함이 훼손될 때 우리는 법을 문제시 삼는 것이다.

이뿐만 아니라 정의는 항상 분배문제와 관련이 있다. 아리스토텔레스는 넓은 의미의 공정함으로서의 정의와 달리 좁은 의미로서의 분배적 정의에 대해서도 이야기하고 있다. 오늘날 한정된 자원을 어떻게 분배할지를 결정하는 것은 사회제도를 형성하는 가장 큰 문제 중 하나이다. 쉽게 이해하기 위해 하나의 케이크가 주어졌을 때 우리는 이 케이크를 주어진 사람들에게 어떻게 분배할 수 있을까를 상상할 수 있다. 자본주의에서처럼 이 케이크를 만든 성과와 능력에 따라 달리 주느냐 아니면 공산주의처럼 능력에 상관없이 필요에 의해 분배하는가이다. 아니면 오늘날 복지국가처럼 이 두 가지 방법을 혼합할 수도 있을 것이다.

　하나의 공동체가 이 분배문제를 잘 해결할 때 그 사회는 공
정하며 그렇지 않은 경우 그 사회는 불안정하고 잠재적인 혼
란과 불만을 가지게 된다. 공동체 구성원은 자신이 사회로부
터 정당하게 대우받고 있으며 보호받고 있다고 느낄 때 사회
유지에 노력한다. 아리스토텔레스에게 있어 분배적 정의는 비
례적 정의로 '각자가 마땅히 받아야 할 몫을 주는 것'이라고
말할 수 있다. 분배될 자원을 관련 있는 사람들의 가치에 따라
나누어 주는 것이다. 즉 분배에 있어 옳음은 어떤 의미에서의
가치를 따라야 한다는 것이며 그 가치는 탁월함에 의해 결정
된다. 만약 우리가 가장 좋은 볼펜을 누군가에게 주기로 결정

해야 한다면, 어떤 사람에게 주어야 할까? 앞의 탁월성에 대한 설명에서 보듯이 볼펜은 써지기 위한 것이다. 볼펜은 써질 때 가장 탁월한 것이며, 가장 좋은 볼펜은 가장 잘 쓸 수 있는 사람에게 분배되어야 한다. 즉 가장 훌륭한 작가에게 분배되어야 한다는 것이다. 그 볼펜이 필요한 사람에게도 아니며, 그 볼펜을 위해 가장 많은 돈을 지불하는 사람도 아니며, 그 사회에서 가장 업적이 많은 사람도 아니고 그 볼펜의 목적을 가장 잘 수행할 수 있는 사람에게 주어져야 한다. 분배적 정의는 옳음 일반을 규정하는 넓은 의미의 정의와 달리 선 또는 재화를 분배할 때의 옳음을 규정하는 좁은 의미의 정의이다.

오늘날 우리 사회에서도 이 분배적 정의가 화두다. 마이클 샌델의 『정의란 무엇인가』가 100만 부 이상 팔렸다는 것은 정의에 대한 요구가 시급하다는 현상이다. 누가 어떤 방식으로 얼마만큼의 재화를 가질 수 있는가는 항상 뜨거운 감자이다. 부자증세, 무상급식, 반값 등록금 등도 이 분배문제를 해결하는 하나의 방식이다. 그러나 중요한 것은 가난한 사람들, 사회 구성원의 많은 사람들에게 되도록 많은 재화가 분배되어야 한다는 것이다. 아리스토텔레스에게서 민주적 정치체인 폴리스의 가치는 시민들의 자유에 기반한 공동선 추구이었다. 공동선이란 곧 공동이익을 최대한 보장하는 것이다. 과다와 과소는 언제나 불균등이고 이것은 부정의이기에 비례적 균등을 유지하는 것이 아리스토텔레스에 따른 분배적 정의일 것이다.

　그러나 이 정의만으로 사람 사이의 관계에 대한 덕은 충분한 것일까? 정의로운 사회에서 우리는 공정하게 사람을 대하며 공평하게 대우받는다면 행복한 사회가 될 수 있을까? 내가 법을 지키며 우리 모두가 법을 존중하고 능력만큼 일하고 필요한 만큼만 가져가더라도 이를 함께 누릴 사람이 필요치 않을까? 혹은 이 사회가 불공정하더라도 우리가 노력하며 바꾸려는 희망을 가지는 것도 그런 사회에서 나처럼 같이 살아가는 친구들이 있어서가 아닐까? 그러나 정의의 여신을 보면 그녀는 눈을 가린 채 한 손에는 저울과 다른 한 손에는 칼을 들고 있다. 즉 눈을 가린 이유는 친하고 친하지 않고를 고려하지 않고 모두를 공평하게 대하는 것이 정의를 실현하기 때문일 것이다. 친한 친구일수록 우리는 공정하게 대하지 못하며 모르는 사람보다 친구의 이익을 더 중요시 여긴다. 그래서 정의를 강조하면 친구를 잃고 우정을 강조하면 정의가 희생되는 것이다.

　우정 또한 다른 사람들과의 관계에서 발생하는 덕이라면 이 정의와 우정의 관계를 아리스토텔레스는 어떻게 설명할까? 그에 따르면 우정은 3가지 종류로 구별될 수 있다. 상대방의 유용성 때문에 발생하는 우정과 쾌락 때문에 발생하는 우정, 마지막으로 상대방의 선을 위해 맺게 되는 우정이다. 유용성 때문에 친구가 된 사람들은 이익이 다하면 서로 헤어진다. 왜냐하면 그들은 서로 상대방을 사랑하는 것이 아니라 단지 이득을 사랑하기 때문이다. 이는 장사꾼의 마음가짐으로 친구를 대한다고 할 수 있다. 따라서 우정의 가장 낮은 단계이다. 두 번째, 쾌락 또는 즐거움을 주는 우정이 있다. 유쾌함을 주기 때문에 우리는 우정을 맺기도 한다. 젊은 사람들의 우정에 많이 나타나는 것으로 쾌락 때문에 사랑하는 것이다. 그러나 그들의 우애는 유쾌해지는 것이 변함에 따라 함께 변하며, 또 그러한 쾌락은 급히 바뀐다. 완전한 우정은 선하고 덕에 있어 서로 닮은 사람들의 우정이다. 왜냐하면 그들은 상대방이 선한 사람인 한에 있어서 서로 상대방에게 좋은 것을 원하며 또 그들 자신이 선한 사람이기 때문이다.

이런 세 번째 형태의 우정에서 우리는 우정과 정의가 모순되지 않고 함께 나타날 수 있음을 알 수 있다. 상대방의 선을 원하기에 당연히 그가 정의롭기를, 올바르게 행하기를 바랄 것이다. 부모는 자식이 바르기를 원한다. 사랑하는 사람은 상대방이 옳은 것을 행하기를 바란다. 아리스토텔레스가 인정하고 있듯이 아무리 우리가 행복하더라도 그 행복을 함께 할 친구가 없다면 행복은 반감될 것이다. 오늘날 정의가 강조되는 선진국에서 특히 우정의 가치가 다시 대두되는 것은 그만큼 정의의 메마른 사회를 부드럽게 해 줄 윤활유가 필요하기 때문일 것이다. 현대 프랑스 철학자들이 우정을 현대에서 가장 가치 있는 덕으로 인정하는 것 또한 만약 우리가 타인을 우정의 감정으로 대한다면 정의조차 필요하지 않은 행복의 최대

조건임을 알기 때문이다. 사람과의 관계에서 서로를 우정으로 사랑한다면 너의 것과 내 것을 칼처럼 계산하지 않아도 행복한 사회를 구성할 것이기 때문이다.

그렇다면 행복하기 위해 우리는 이 도덕적 탁월성, 중용을 어떻게 알 수 있을까? 결국 덕이란 감정과 의지가 중용의 상태에 있다는 것이다. 그러나 정념과 행동이 탁월하게 되기 위해 과다와 부족을 결정하기란 복잡한 상황에서 쉬운 일이 아니다. 우리가 단순히 선한 마음을 가지고 있다거나 도덕법칙을 잘 알고 있다고 해서 현실의 도덕적 선택의 순간에 어떻게 해야 할지를 아는 것은 아니다. 선한 마음이 잘못된 판단으로 인해 나쁜 결과를 가져오기도 하는 것을 우리는 너무 자주 보며, '거짓말을 해서는 안 된다.'는 도덕법칙에 따라 살고자 하더라도 현실의 상황에서 때로 거짓말을 하는 것이 남을 배려하는 경우도 있다는 것을 안다. 보통 이전에 행해진 우리의 행동관습인 습관에 따라 도덕적 판단은 내려지지만 이것 또한 새로운 상황이 발행할 때 큰 도움이 되지 않는다.

이때 도덕적 원리를 구체적인 사례와 경우에 정확하게 적용하는 능력이 우리가 가지고 있는 도덕적 판단력인 실천적 지혜이다. 즉 우리에게 중용의 상태를 알려주는 것은 실천적 지혜로서 이를 통해 우리는 구체적 상황에 도덕법칙을 적용하게 된다. 대개 실천적 추론의 과정은 다음과 같다.

　　대전제 : 살인을 해서는 안 된다. (도덕법칙)
　　소전제 : 태아는 인간이다. (주관적인 행위규칙)
　　결　론 : 낙태를 해서는 안 된다.

　먼저 가장 일반적으로 받아들여지는 상위의 대전제로 우리는 추상적 도덕법칙을 전제한다. 대전제는 일반적으로 가장 널리 인정되는 보편타당한 명제로 구성된다. 그리고 구체적 상황에서 내가 따르는 주관적인 신념이 소전제로 등장하고 이로부터 결론을 도출하는 것이다. 이 과정에서 실천적 지혜는 전제로부터 결론을 도출하는 데 가장 유용한 지식을 우리에게 알려준다. 만약 행복이 문제시된다면 실천적 지혜는 전체적으로 좋은 삶, 성공적 삶에 유익한 것이 무엇인가에 대해 훌륭하게 살피고 생각하는 것을 의미한다. 실천적 지혜는 기술이 아니기에 제작이 아니라 행동에 관련되고, 다른 보편적 지식이 아니기에 필연적 행동이 아니라 개별적 행위의 우연적 상황에 관련된다. 그러나 이때 실천적 지혜는 인간 행동의 보편적 목적을 지혜의 도움으로 인식할 수 있기에 결국 행복을 위해 좋은 것과 나쁜 것을 우리에게 알려줘 우리가 중용에 따라 행동할 수 있게 한다.

　그러나 이 실천적 지혜만으로는 부족하다. 어떤 사람이 실천적 지혜를 가지지만 만약 그가 육체적 쾌락만을 쫓는다면 그는 순간순간 실천적 지혜를 사용하여 육체적 만족을 얻을 수는 있겠지만 결국 그의 삶이 도달하는 것은 진정한 행복이 아니라 삶의 허무일 것이다. 실천적 지혜가 제대로 작동하기 위해서는 우리 삶의 목적은 진정한 행복이며, 이 행복은 도덕적 탁월성을 발휘할 때 느낀다는 것을 알아야 한다. 나의 감정과 의지가 탁월하게 되는 것, 즉 나의 성품이 용기나 절제, 관용 등의 덕을 통해 탁월하게 되는 것에 행복이 있으며, 이 덕을 위해 실천적 지혜가 발휘되어야 한다. 보편적 지혜는 우리 삶의 목적이 행복임을 알려주며, 중용에 이르고자 하는 도덕적 탁월함이 우리를 행복에 이르게 한다. 이때의 도덕적 탁월함은 우리에게 올바른 목적을 목표로 삼게 하고 실천적 지혜는 우리로 하여금 올바른 수단을 사용하게 한다. 따라서 실천적 지혜 없이는 좋은 사람이 될 수 없고, 또 도덕적 탁월함이 없이는 실천적 지혜가 올바르게 사용될 수 없다. 도덕적 탁월함이 행복에 도달하기 위한 길이고 그를 위해 실천적 지혜를 사용할 때 우리는 도덕적 탁월함을 완성할 수 있다.

이런 도덕적 탁월함은 다른 말로 쾌락과 고통의 차원에서 말해질 수 있다. 도덕적 탁월함은 행동과 정념에 관계되는 것이며, 모든 행동과 정념에 쾌락과 고통이 따른다면, 도덕적 탁월함을 위해 중용을 지킨다는 것은 곧 쾌락과 고통에 적절한 태도를 취한다는 것이다. 우리가 나쁜 일을 하는 것은 쾌락 때문이요, 고귀한 일을 멀리함은 고통 때문이다.

그러나 행복이 또 쾌락 또는 만족을 주지 않는다는 것도 이상하다. 왜냐하면 행복이란 좋은 것이고 우리가 추구하는 인생의 목적이며 따라서 쾌락이 없을 수 없기 때문이다. 즉 쾌락 그 자체는 바람직한 것이 아닌가? 따라서 아리스토텔레스는 쾌락을 여러 가지로 구별한다. 인간의 모든 감성과 이성에 있어서 각기 그것에 대응하는 쾌락이 생길 수 있다. 감성이 최선의 상태에 있는 동시에 최선의 대상에 대해서 활동할 때 가장 강한 쾌락이 생긴다. 대상과 그것을 지각하는 사람이 모두 최선의 상태에 있을 때에는 언제나 쾌락이 생긴다. 따라서 쾌락은 활동에 수반되는 것이다. 그러나 모든 사람은 계속적으로 활동할 수 없기에 쾌락 역시 계속적일 수 없다. 마치 어떤 물건을 응시할 때에 우리의 시각이 그렇듯, 처음에는 정신이 자극을 받아 그것에 대해서 강렬히 활동하지만, 얼마 후 우리의 활동은 이숙하게 되어 처음의 상태를 잃이긴다. 이에 따라 또한 쾌락도 차츰 사라지게 된다. 쾌락은 따라서 인간의 이성적, 비이성적 부분의 활동에 수반되어 그 활동을 완전하게 하며, 또한 사람들이 욕구하는 삶도 완전하게 한다. 그러므로 사람들이 쾌락을 찾는 것은 당연한 일이다. 쾌락은 모든 사람의 삶을 완전하게 하는 것이고, 또 삶은 바람직한 것이기 때문이다. 그러나 우리가 쾌락 때문에 살기를 택하는 것인가, 그렇지 않으면 산다는 것 때문에 쾌락을 택하는가는 문제이다.[4]

또한 인간의 활동은 여러 가지이기에 쾌락 또한 여러 가지

차이가 있다. 좋은 활동에 고유한 쾌락은 좋고, 좋지 못한 활동에 고유한 쾌락은 나쁘다. 또한 이성적 활동에 의한 쾌락이 감성적 활동에 따른 쾌락보다 우월하다. 왜냐하면 이런 활동을 완전하게 하는 쾌락이야말로 감성적 활동에 따른 쾌락보다 인간에게 고유하며 지속적이기 때문이다. 많은 종류의 쾌락은 일시적이며 쾌락 뒤의 허무에 휩싸이게 된다. 그러나 어떤 쾌락은 지속적인 만족을 준다. 만일 우리가 자신의 인격을 열심히 닦으며 그로 인해 주위 사람들에게 친절하고 올바르게 대하여 많은 사람들에게 사랑을 받는다면 이로부터 생기는 쾌락, 즐거움은 지속적인 만족을 안겨줄 것이다. 이런 종류의 쾌락은 독립적인 삶의 목표가 아니라 탁월함에 바탕을 둔 행위에 필연적으로 수반되는 현상이기 때문이다.

정치적 삶

비록 아리스토텔레스가 객관주의적 행복관에 기초하여 지속가능한 만족을 위한 탁월함의 수양을 강조하더라도 인간이 살기위해 일반적으로 요구되는 것들을 무시하지 않았다. 즉 진정한 행복을 위한 조건으로서 건강, 부, 명예 등이 필수적이

---

4 아리스토텔레스, 최명관 역, 『니코마코스 윤리학』, 서광사, 2003, 294쪽 참조.

라고 말한다. 용모가 아주 추하거나 비천한 집에 태어났거나 혹은 외롭고 자식이 없는 사람은 행복하게 되기가 쉽지 않으며, 또 아주 불량한 자식이나 친구를 가진 사람과 자녀 및 친구와 사별한 사람은 행복하게 되기가 어려울 것이다. 또는 심각한 병을 앓고 있거나 아주 가난하여 생계에 매달려야 하는 사람도 행복하기 힘들다. 따라서 행복은 어느 정도 외부적인 조건에 의존하며 이런 까닭에 어떤 사람은 행복을 행운이라고 말하기도 하는 것이다.

따라서 아리스토텔레스는 참된 행복을 위해서는 정신적 탁월함뿐만 아니라 그를 위한 신체적 선(건강과 외모)이나 외부적 선(재산과 권력)이 모두 필요하다는 것을 인정한다. 만약 우리가 현실의 조건을 무시하고 좋은 꿈만 꾼다면 이는 허황된 말뿐이다. 현실에 기반하지 않는 이상은 꿈일 뿐이다. 행복의 조건에 관한 이런 인정은 아리스토텔레스의 현실적인 행복관을 보여주기도 한다. 오늘날 어떤 설문조사에 따르더라도 어느 정도 수준의 소득이 확보되기 전까지 행복은 많은 부분 소득수준에 의지하였다. 절대적 빈곤에 있을 때는 먼저 사는 것이 중요할 것이다. 그러나 오늘날 우리는 스스로를 아직 절대적 빈곤에 있는 것처럼 생각하는 것 같다. 우리 삶의 대부분은 돈을 많이 벌기 위한 활동이 대부분이기 때문이다. 그들은 돈이 많을수록 더 행복하다고 생각한다. 그러나 돈의 힘이 점점 커진다면 우리의 삶은 그 힘에 굴복할 수밖에 없을 것이다.

인간의 삶의 유형을 분류하는 것은 쉬운 일은 아니다. 참으로 많은 다양한 삶의 형태가 존재하며 이것 중 어떤 삶이 좋다거나 행복한 삶이라 말하기도 어렵다. 아프리카에서 봉사하는 삶을 택하는 사람이 있는 반면에 법관의 위치에서 법을 어겨 더 많은 돈을 벌려는 사람도 있다. 그런 사람은 행복의 조건만을 획득하는 데 만족할 것이다. 그들에게 행복한 삶이란 편안하게 느끼는 것으로 마음의 상태이다. 예를 들어 좋은 음식, 성적인 즐거움, 원하는 것을 가질 때 느끼는 만족은 기쁨을 가져다주고 행복감을 느끼게 한다. 고대 그리스 사람들은 이런 식으로 즐거움을 주는 모든 것을 가리켜 '헤도네(hedone)'라고 불렀고, '쾌락주의'는 이 말에서 유래했다. 그러나 향락적 삶은 행복 자체를 원하는 것이 아니라 행복의 조건만을 충족시키는 삶이라 할 수 있다. 이는 목적으로서의 행복과 행복을 위한 수단을 바꾸어 생각하는 것이다. 행복이 우리 삶의 궁극 목적인데 행복이 아니라 행복을 위한 수단 때문에 산다는 것은 본말이 전도된 것이다. 육체적인 쾌락은 누구나가 즐길 수 있다. 그러나 누구도 노예를 행복하다고 말하지 않는다.

『이렇게 살아가도 괜찮은가』를 쓴 피터 싱어가 말하고 있듯이 이반 보에스키는 부로 성공한 사람이었다. 자본주의에서 막대한 부는 성공이며 이는 사회적 명성뿐만 아니라 존경을 받기도 한다. 어느 대학교에서 "여러분이 부를 추구할 것을 강력히 촉구합니다. 탐욕은 건전합니다."라고 연설하기도 한 그는 더 많은 돈을 벌려고 불법을 저질러 결국 처벌을 받았다. 막대한 재산에도 불구하고 우리의 욕구는 언제나 충족되지 않는다. 자기보존을 위한 노동에만 삶의 목적이 있을 때 자신의 자유는 경제적 필연성에 제약되며 스스로 자유가 없는 노예가 되는 것이다. 자신의 삶은 돈을 벌기 위해 정해진 스펙을 쌓아야 하며 정해진 기업들에 정해진 배우자와 결혼해 정해진 길을 가야 하는 것이다. 그러나 이런 삶을 과연 자유로운 삶이라고 부를 수 있을까? 행복 그 자체가 아니라 행복을 위한 조건에만 매달릴 때 우리의 삶은 내가 사는 것이 아니라 돈이나 권력, 명예가 내 삶의 주인이 되는 것이다.

향락적 삶과 다른 형태인 정치적 삶의 목적은 탁월함, 덕이 되어야 한다. 이는 생존을 위한 경제적 활동을 담당하는 가족 공동체와 다른 가치가 지배되는 사회이다. 생존과 종족 유지의 가치가 중요한 경제적 영역이 공익을 중시하는 공동체의 이념을 지배하거나 식민화할 때 하버마스가 말하는 체계에 의한 생활세계의 식민지화가 발생하지 않을까? 체계적 영역은 오늘날 기업이나 경제제도, 국가기관을 말하며 생활세계의 영역은 문화나 전통이 지배하는 곳이다. 체계는 돈과 권력에 의해 운영되며 생활세계는 자유로운 의사소통에 의해 움직여지는 곳이다. 만약 이 생활세계적 영역이 체계를 움직이는 힘인 돈과 권력에 의해 작동된다면 생활세계는 체계에 의해 식민지화되는 것이다. 오늘날 자유와 공동선이 우선시되어야 할 공론장, 공공성의 영역, 정치공동체가 경제적 가치에 지배됨으로써 드러나는 인간의 사물화나 황금만능주의는 이를 말하는 것이다.

고대에서 사적(private)이라는 것은 어떤 것이 박탈당한 상태를 의미하는데, 그것도 인간의 능력 중 최고, 최상의 인간적인 것이 박탈당한 것을 의미한다. 사적인 삶만을 사는 사람, 여자나 노예와 같이 폴리스에 참여하지 못하는 사람들은 그래서 완전한 인간으로 여겨지지 않는다. 정치적 생활 또는 공적인 생활, 사회에 참여하여 사회 속에서 자신의 의견을 내고 자신의 삶을 실현하는 삶이 인간에게 주어진 삶의 조건이다.

한나 아렌트에 의하면 정치적 삶은 인간의 조건이다. 이는 시대와 공간을 초월한 영원한 것을 추구하는 학문적, 이론적 앎을 중시하는 관조적 삶과 대비되는 것이다. 관조의 능력은 인간의 최고 능력으로서 이 관조의 경험은 인간사의 영역 밖에서만 그리고 인간의 다원성 밖에서만 발생한다. 영원에 대한 경험과 희망에서 발견되는 관조적 삶은 모든 종류의 활동이 완성되는 절대적 고요의 삶이다.[5]

그러나 전통적 위계에서 관조에 지나친 무게를 두는 것은 활동적 삶 그 자체 내의 구별과 명료성을 흐릿하게 한다. 활동

---

[5] 한나 아렌트, 이진우/태정호 역, 『인간의 조건』, 한길사, 1996, 64-90쪽 참조.

적 삶은 어떤 일을 능동적으로 행하는 인간의 삶으로서 언제나 사람들과 그들이 만든 사물세계에 뿌리를 두고 있다. 어떤 인간의 삶도 결코 그것으로부터 벗어나거나 그것을 초월하지 못한다. 인간이 공동생활에서 실제로 자신이 하고 싶은 것을 하면서 주위 사람들에게 봉사하며, 그 덕분에 인정을 받으면서 얻는 순수하고 지속적인 기쁨, '비타 악티바(vita activa)', 활동적 삶, 이론적 삶에 대비되는 실천적 삶은 행위의 인간을 기술하는 것이다. 반면에 진리를 추구하는 삶은 인간에게 그의 육체와 감정을 떼어내어 이성적 능력만을 발휘하기를 원하기에 신적인 삶일 수밖에 없다.

『니코마코스 윤리학』 대부분의 내용은 이런 정치적 삶의 행복을 위한 길을 알려주려는 목적이다. 그러나 제1권과 마지막 10권에서 삶의 세 가지 방식을 구분하고 가장 행복한 삶의 길을 말할 때 예로 드는 것은 세 번째 삶의 방식인 이론적 삶 또는 관조적 삶의 형태이다. 이로부터 오늘날까지 많은 아리스토텔레스 연구자들은 두 번째 삶의 형태인 정치적 삶과 세 번째 삶의 형태간의 관계에 대해 많은 논쟁을 벌이고 있다.

인간이 행복에 이르기 위해 아리스토텔레스가 제시하는 길은 앞에서 살펴보았듯이 인간학에서 출발하는 것이었다. 인간의 기능을 가장 잘 발휘하는 것이 좋은 삶, 성공적 삶, 즉 행복인 것이다. 인간의 가장 고유한 본성은 이성적 부분과 이성의 말에 귀 기울일 수 있는 비이성적 부분 두 가지였다. 이에 해당하는 두 가지 삶의 방식이 다 행복과 관련된다고 할 수 있다. 비이성적 부분을 최고로 실현하는 삶인 정치적 삶과 이성적 부분만을 실현하는 관조적 삶. 그리고 행복이 탁월함에 따른 활동이라면, 당연히 최고의 탁월함을 따른 것이어야 하고, 이 최고의 덕은 우리들 속에 있는 최선의 부분의 탁월함이어야 한다. 따라서 아리스토텔레스에게 있어 최상의 행복에 이르는 길은 관조적 삶이라 할 수 있다. 이 활동은 또한 가장 지속적이기에 가장 큰 행복을 우리에게 주는 것이다. 정치적 삶도 행복한 삶일 수 있으나 이는 많은 부분 우연에 맡겨져 있다. 아무리 내가 정치적 삶을 탁월하게 수행할지라도 외부의 조건이나 사회적 조건이 따르지 않는다면 영원한 쾌락을 얻기는 힘들 것이다. 따라서 외부적 관계를 벗어나 아무런 시시비비에 휘말리지도 않고 어떤 욕망에도 좌우되지 않으며 이성적 활동만으로 사는 것이 최고의 행복일 것이다.

그러나 이런 삶은 결국 삶의 한 측면만을 생각하는 것은 아닐까? 이성적 부분이 인간의 가장 고유한 부분일 수 있겠지만, 결국 인간은 이성적 **동물**인 것이다. 동물적 부분도 인간을 구성하는 중요한 한 부분이다. 자본주의가 아직 유효한 것은 인간의 욕구를 그만큼 인정하고 증폭시키고자 하기 때문이 아닐까? 관조적 삶은 결국 인간에게는 너무 높은 신적인 삶을 말하는 것이다. 인간을 감성과 이성의 결합으로 이해할 때 우리의 많은 행동은 이해되며 우리 삶은 의미있는 것이다. 다른 사람과 아웅다웅하며 어려운 사람들끼리 서로 돕고 이해하며 조금 더 좋은 삶을 지향해가는 과정이 우리의 현실이다.

아리스토텔레스는 비록 관조적 삶이 인간의 가장 높은 차원이며, 그렇기에 가장 인간을 인간되게 하고 따라서 가장 행복한 삶이라 말하며 우리 자신 속에 있는 최선의 것을 따라 살도록 말하지만, 인간이 더욱 인간인 것은 신과 동물의 중간이기 때문이 아닐까? 신적인 삶도 동물적인 삶도 고민과 방황은 없을 것이다. 감정과 이성이 대립되거나 충돌함으로써 발생하는 삶에 대한 회의, 다른 가치관을 가진 사람들과 부딪힘으로써 발생하는 갈등. 인간이 인간인 한에서, 그리고 많은 사람들과 함께 사는 한에 있어서 우리가 행복할 수 있는 길을 찾아야 할 것이다.

아리스토텔레스가 인간 행위의 최고 복석을 행복이라고 한 것도 결국 현실적인 인간의 욕구를 인정한 결과일 것이다. 행복이 최고선이라는 것은 우리의 자연적 욕망과 일상적 삶을 넘어선 곳에서 윤리적 이상을 찾으려는 것이 아닐 것이다. 만약 어떤 사람이 사회적 삶을 무시하고 진리발견만을 목표로 한다면 그에게는 인간관계에서 느낄 수 있는 소소한 행복이 목적이 아니라 진리추구나 발견 자체가 삶의 목적일 것이다. 또한 누군가가 자신의 육체적 욕망만을 만족시키고자 한다면 동물처럼 끊임없이 욕망의 만족만을 찾아 헤맬 것이다.

　물론 이런 향락적 삶, 정치적 삶, 관조적 삶이라는 세 가지 삶의 방식을 구별하는 것은 이론적 의미에서 가능한 것이다. 우리의 삶은 일반적으로 이 세 가지 삶의 방식이 혼재되어 있다고 보아야 한다. 우리가 정치적 삶의 방식으로 살고자 하더라도 어느 정도 부와 건강, 성생활 등 향유적 삶의 부분을 무시할 수 없다. 관조적 삶을 살고자 하더라도 부와 건강이 뒷받침되지 않는다면 가능하지 않을 것이다. 또한 정치적 삶과 관조적 삶도 이런 인간의 욕구와 의지가 어떻게 나와 타인에게 의미를 줄 수 있을지를 고민하는 과정이다.

　우리는 사회적 삶의 과정에서 삶과 진리에 대해 때로 고민하며 때로 자기욕구를 적절히 만족시키고자 할 것이다. 그렇다면 행복은 삶의 다양한 측면에서 자신의 활동과 삶이 탁월하고 성공적이게 되는 곳에 존재할 것이다. 이런 아리스토텔레스의 행복관은 오늘날의 말로 하면 자기실현의 삶이 아닐까? 자기의 정체성이 사회에서 형성되며 그를 통해 자신이 무엇임을 인식하고 자기가 하고 싶은 것을 하는 과정에서 느끼는 행복이 곧 아리스토텔레스가 말하는 행복이 아닐까? 우리는 자신에게 맞는 것을 찾고 자신이 잘 하고 의미있다고 생각하는 것을 사회 속에서 실현하고자 노력한다. 그리고 그 의미있는 것은 곧 사회 안에서 만들어진 것이다. 따라서 자기실현은 자기에게 맞고 잘하는 것을 다른 사람들과의 관계 속에서

실현하는 것일 뿐이다. 이 과정이 좋은 삶이며 이때의 성공적
자기실현이 바로 자신의 탁월함을 드러내는 성공적 삶, 즉 행
복한 삶일 것이다. 아리스토텔레스의 행복관이 이런 의미라면
오늘날의 우리에게도 어떻게 살아야 할지에 대한 물음에 충분
히 의미있는 대답이 될 것이다.

III. 에피쿠로스의 행복

은거한 현자, 에피쿠로스[6]

"에피쿠로스의 정원－숨어서 살라"

어쩌면 서양 철학사에서 가장 많은 오해를 받아 온 철학자가 에피쿠로스일 것이다. 서양의 역사가 정신적인 것, 이성적인 것을 가장 인간적인 것으로 여긴 이후 이 이성에 반하는 쾌락이나 감각을 주장하는 학파나 학설은 올바른 대접을 받지 못했다. 이성을 강조하기 위해서는 적수가 필요하고 이때 등장하는 감각과 그에 기반한 쾌락은 좋은 먹잇감이 될 수 있기 때문이다. 인간의 욕구에 의존해 유지되는 자본주의가 등장하

---

[6] 이 부분은 앤소니 A. 롱의 『헬레니즘 철학』과 오트프리트 회페의 『철학의 거장들 1』, 클라우스 헬트의 『지중해 철학기행』에서 많은 도움을 받았다.

기까지 그 흐름은 지속되었다. 특히 윤리학에서 헬레니즘 시대 이후 등장한 중세시대의 그리스도교 전통은 금욕적 삶을 강조하며 쾌락을 긍정하는 에피쿠로스를 오해하거나 비난받게 했다.

또한 철학사를 쓴 디오게네스 라에르티오스도 말하듯이 에피쿠로스 당시 그의 적대자들도 그를 비난하는 데 일조하고 있다. 스토아학파인 디오티모스는 50편의 음란한 편지들을 에피쿠로스 작품이라고 조작함으로써 에피쿠로스를 중상모략하고 있으며, 어떤 사람들은 크뤼시포스가 썼다고 생각되는 연애편지들을 에피쿠로스의 편지라고 모아놓았다. 또한 에피쿠로스가 사치스러운 생활과 창녀들과의 교제를 가졌다고 말하기도 한다.

왜냐하면 그 시대에서도 쾌락을 긍정하는 사람은 건전치 못한 견해로 여겨질 수 있기 때문이다. 육체적 쾌락이든 정신적 쾌락이든 쾌락을 추구하는 것은 비도덕적이라는 공격에 스스로를 변호할 수밖에 없다. 도덕이 정신의 탁월함을 의미하든 우주의 질서에 따른 이치를 말하든 인간의 이성에 반하는 것은 경시되거나 배제되었다. 좋은 것을 먹을 때, 원하는 것을 가질 때, 사랑하는 사람과 함께 있을 때 우리는 쾌감을 느끼고 행복하다고 생각한다. 그러나 단지 쾌락을 위해 살 때 우리의 가치관은 이를 거부하는 경향이 있다. 이런 생각이 에피쿠로스 사상이나 삶의 방식을 단지 질탕하게 먹고 마시는 삶으로 치부하고 그 가치를 배격하게 하였다.

　그러나 에피쿠로스의 출발은 행복이라는 것을 알아야 한다. 그의 근본물음은 우리가 어떻게 살아야 하는가를 말하는 도덕이론이 아니라 모든 사람들이 본성적으로 추구하고 바라는 인생의 목적을 기술하는 것이다. 이런 상황에서 삶의 목적은 행복이요, 가치있는 것은 쾌락, 즐거움이며, 고통이 나쁘다는 것은 자연스러운 귀결이다. 최선의 삶은 가능한 한 가장 유쾌한 것이어야 하며, 이를 위해 인간의 모든 요소는, 이성뿐만 아니라 감정도 긍정적으로 이해되어야 한다.

　오늘날 EQ를 인간능력 평가의 중요한 지수로 자리매김한 것도 인간의 지성적 능력 외에 감성적 능력의 중요성을 인정하고 발전시키고자 하는 의도일 것이다. 학문을 하고 진리와 올바름을 주장하기 위해서는 이성적이고 논리적인 능력이 필요하다. 나의 주장을 남에게 설득하거나 주어진 사실로부터 새로운 것을 추론하기 위해서는 논리적 연관이 필요하다. 이런 관점에서는 감정에 근거한 추론은 오류로 배격된다. 그러나 일상에서 우리는 비논리적이거나 감정에 호소할 때 설득의 힘이 훨씬 강해짐을 경험한다. 삶을 풍요롭게 하는 아름다움 또한 감정에 기반한 것이다. 어떤 믿음 또는 어떤 이론에 대한 최초의 확신 또한 논리적으로 설명되지 않을 때가 많다. 이 세상은 합리적이고 논리적이지 않은 것도 많으며 그렇다고 그것이 결코 잘못된 것은 아니라는 것을 알아야 한다. 단지 이성의 공간 안에 있지 않을 뿐 그것도 세상을 구성하며 우리의 삶에 큰 의미를 주는 것이다.

에피쿠로스를 이해하기 위해서는 그 시대적 배경을 아는 것이 필수적이다. 때로 한 인물의 사상은 시대적 상황과 요청에 의해 형성되고 발전되기 때문이다. 기원전 323년에 알렉산드로스 왕이 사망한 것과 함께 헬레니즘 시대가 시작되었다. 알렉산드로스 왕의 죽음 후 대제국이 분열되고 사회가 혼란스러울 때 사회를 등지고 마음의 평화를 찾는 것은 어쩌면 필연적일 수도 있다. 권력자의 끊임없는 전쟁과 그에 따른 평범한 사람들의 비극을 통해 점점 확대된 대혼란 속에서 고대 폴리스, 도시 국가의 해체는 인간에 대한 이해도 변화시켰다. 폴리스의 의사결정에 참여하고 폴리스의 운명에 공동 책임지며, 공익에 대한 관심이 자신의 삶이었던 것이 거대 국가의 형성으로 인해 자신과 국가가 멀어지게 된 것이다. 국가의 결정과 개인의 결정이 분리됨으로써 각 개인들은 자신의 삶과 국가의 일을 다른 것으로 이해한다. 더 이상 정치적 삶이 인간 삶의 근본조건이 아니라는 것이다. 거대한 국민과 국가가 존재하는 오늘날 우리가 민주주의를 다만 투표로서만 경험할 때 국가의 일과 나의 삶이 겹치는 부분은 훨씬 적어질 수밖에 없다. 이런 탈정치화는 결국 개인의 생활방식 자체를 변하게 한다. 공적인 삶이 행복한 삶의 토대였다면 이제 행복은 공적인 영역과 구별된 개인의 삶을 통해서도 실현될 수 있게 되었다.

오늘날 인간의 자기 이해를 특징짓는 개인주의가 여기에서 그 단초를 발견할 수 있을 것이다. 개인주의적 인간은 사회보다 자신의 삶이 우선이기에 사회에서의 역할보다 자신의 삶의 만족을 통해 행복을 추구하고자 하였다. 현대의 공동체주의가 개인의 사회성을 강조하며 아리스토텔레스의 사상에서 그 출발점을 찾고 있다면, 사회는 단지 개인들의 집합이라는 근대 자유주의 사상과 현대 계약론적 이론은 에피쿠로스 사상에서 그 뿌리를 발견할 수 있을 것이다. 사회는 단지 개인들이 자기보존과 자기이익을 추구하기 위해 계약으로 형성된 집합체일 뿐이다. 이는 곧 개인의 자유와 권리가 사회의 공동선에 우선하는 것으로 귀결되어 서구의 계몽주의 사상의 뿌리를 형성하고 있다. 그러나 이로부터 귀결되는 사회에 대한 개인의 우선성은 결국 삶의 의미에 대한 축소와 부재로 이어지고 우리가 인간을 올바르게 이해하고 있는가라는 비판에 직면하게 된다.

현대 윤리학에서 자유주의와 공동체주의 간의 논쟁은 1980년대 이후 다시 불붙게 되었다. 자유주의는 서구 근대의 자유주의적 전통을 계승하여 개인의 자유와 권리를 보편적으로 인정받도록 노력한다. 사회적 명령은 단지 이런 자유와 권리가 어디까지 가능한지를 말해주는 경계선일 뿐이다. 이 한계 내에서 무한히 자유로운 인간은 타인의 이익과 권리를 침해하지 않는 한에서 자기를 실현하고자 한다. 사회는 사적인 삶을 살아가는 개인들의 집합체가 유지되도록 하는 기능을 맡을 뿐이다. 이런 인간에 대한 이해가 인간 스스로를 오해한 결과라고 비판하며 등장한 것이 공동체주의이다. 현대 공동체주의자들은 인간은 문화, 역사, 전통의 결과이며 개인의 자유와 권리에는 이미 이것이 전제되어 있다는 것이다. 그들에 따르면 보편적인 자유와 권리는 형식적이며 따라서 공허한 것일 수밖에 없다. 자유와 권리는 어떤 자유와 권리이며 이는 그 사회가 가지는 공동의 가치에 의존할 수밖에 없는 것이다. 2005년 9월 덴마크 일간지에 예언자 마호메트에 대한 풍자가 실려 크게 문제가 되었다. 자유주의자의 관점에서 공동생활을 위한 규범으로서 의사표현의 자유는 존중되어야 한다. 그러나 이슬람종교에서는 신에 대한 어떤 풍자도 허용될 수 없다. 공동체주의자의 시각에서 의사표현의 자유 또한 어떤 의사표현의 자유일 수밖에 없으며 따라서 무조건적인 보편적 자유란 없고 다양한 문화나 종교에 대한 가치 표상이 우선적으로 고려되어야 한다.

결국 이런 논쟁에는 우리가 어떻게 인간을 이해할 때 가장 의미있는 삶을 살 수 있을까라는 질문이 스며들어 있다. 나를 구성하는 것은 무엇일까? 공적인 삶과 사적인 삶 가운데 의미 있는 나의 삶은 무엇일까? 에피쿠로스는 사적인 삶의 중요성을 인식하고 이곳에서 행복을 얻을 수 있는 방법을 제시하고자 했다.

기원전 341년에 사모스 섬에서 아테네 이민자의 아들로 태어난 에피쿠로스는 18세에 2년 동안의 병역 의무를 위해 아테네로 갔다. 그리고 그때가 바로 알렉산드로스가 의문의 죽음을 당한 기원전 323년이다. 그가 그곳에 도착했을 때, 아리스토텔레스는 알렉산드로스 왕의 사후 정치적 혼란의 기류 속에서 아테네를 떠나 칼키스로 돌아간 후 얼마 지나지 않아 죽음을 맞이했다. 그의 후계자인 테오프라스토스가 소요학파의 주도권을 넘겨받아 그 도시의 가장 인기 있는 철학교사들 가운데 한 사람이 되었으며, 플라톤의 아카데미아는 크세노크라테스에 의해서 지도되었다.

에피쿠로스가 그들의 수업에 참석한 기록은 없지만, 이때 그들의 중요한 사상을 접했을 것이라는 것은 틀림없을 것이다. 아테네에 2년간 머물고 나서 에피쿠로스는 고향 사모스로 돌아갈 수 없게 되었다. 그 사이에 사모스 원주민들이 아테네 시민지인들을 섬에서 쫓아냈던 것이다. 강탈당했던 자신들의 땅을 되찾고 싶어 했던 원주민들은 알렉산드로스의 갑작스런 죽음으로 인한 무정부 상태를 잘 이용할 수 있었다. 에피쿠로스의 가족은 사모스를 떠나 소아시아 본토에 위치한 콜로폰으로 이주하게 되었고, 에피쿠로스도 그곳에서 가족과 상봉했다.

그 후 10년이 지나서, 에피쿠로스는 데모크리토스와 회의주의자 퓌론을 동시에 원용했던 철학자인 나우시파네스의 강의를 듣기 위해 약간 북쪽에 위치한 도시 테오스로 갔다. 거기에서 에피쿠로스는 원자와 허공의 자연학에 친숙해졌고, 그 자연학의 핵심적인 주장들을 받아들였다. 에피쿠로스의 윤리학에 비해 비교적 알려지지 않은 그의 유물론적 자연관은 플라톤과 아리스토텔레스의 전통과 다른 길을 보여준다. 유물론적 전통 하에서 이 세계가 원자와 허공으로 구성되어 있으며 원자들의 운동과 부딪힘으로 형성된다는 것은 그의 논리적 사유의 탁월함을 보여준다고 할 수 있다.

에피쿠로스는 31세부터 독자적으로 철학을 가르치기 시작했다. 처음에는 짧은 시간 동안 레스보스 섬의 미틸레네에서, 그 후에는 그의 추종자들과 함께 헬레스폰트의 람프사코스에서 가르쳤다. 그곳에서 기원전 310년에 학교를 세웠으며, 앞으로 그의 곁에 충실히 머물 여러 제자들이 그를 따르게 된다. 아테네의 아들인 에피쿠로스는 기원전 306년에 비로소 그의 몇몇 제자들과 함께 그 당시 모든 철학적 활동의 중심지이자 상이한 경향의 대표자들 사이에 활발한 토론이 벌어진 무대이기도 한 아테네로 갔다.

그러나 아테네에서 에피쿠로스가 한 것은 소크라테스적 논쟁이거나 플라톤, 아리스토텔레스처럼 학원을 세우는 것이 아니었다. 아테네 도시 바깥의 땅을 기부 받아 자신을 따르는 사람들과 함께 생활공동체를 형성하게 된다. '에피쿠로스의 정원'이라고도 불리는 이 생활공동체는 친밀한 사람들끼리 모여

서 대중과 정치의 시야에
서 벗어나 그들만의 공동
생활을 영위하는 장소인
것이다. 성안의 복잡한 도
시에서 떨어져, 온갖 계략
과 논쟁에서 벗어나 그들
의 신념에 따라 살고자
한 것이다. 이때부터 '정
원'이라는 명칭은 고대 에
피쿠로스학파의 모임을 말

● 에피쿠로스의 얼굴

하는 일반적인 명칭이 되었다. 이는 철학자들이나 학문공동체
를 의미하기보다는 구성원들 상호간의 우정과 스승에 대한 존
경에 기초한 것으로 에피쿠로스의 말을 믿고 따르는 생활공동
체와 유사하나. 따라서 에피쿠로스의 말을 믿는 사람은 누구
든 참여할 수 있었으며 몇몇의 매춘부와 노예들도 그 공동체
에 참여했다고 전해진다.

개인주의는 보편주의를 자신의 짝으로 대동한다. 사회보다
개인을 우선시하여 개인의 삶과 권리를 인정받기 위해서는 이
론상 모든 인간을 그렇게 대우해야 한다는 주장이 필수적이다.
근대 왕의 권력에 대항하여 귀족과 중소 상인들은 자신의 권
리를 보장받기 위해 모든 개인의 존엄과 권리, 소유권은 동등

하게 보장되어야 한다는 의미에서 천부인권설이나 계약설을 주장할 수밖에 없었다. 개인이 자신의 권리를 주장하기 위해서는 모든 개인에게 그 권리가 적용될 때 정당화될 수 있다. 비록 근대 노예는 실질적으로 인간으로 취급되지 않았기에 보편주의의 혜택을 누릴 수 없었지만 에피쿠로스의 개인주의적 신념은 시대적 한계를 넘어선 것이었다.

　제자들 가운데 메트로도로스의 형인 티모크라테스도 있었는데, 그는 후에 정원을 떠났으며 그가 쓴 책에서 에피쿠로스학파를 비방하고 있다. 에피쿠로스학파가 음난하다거나 무절제하다는 비판은 그에게 기원한다. 그러나 대부분의 제자들은 에피쿠로스의 말에 따라 서로를 존중하면서 행복한 삶에 대한 이상을 함께 실현하고자 했다. 모든 사람들이 원칙적으로 참여할 수 있는 조화로우며 자족적인 공동생활은 많은 사람들에게 영향을 끼쳤다. 요즘도 서로 다른 이유에서 많은 사람들이 생활공동체에 대해 논의한다. 같은 뜻을 가진 사람들이 모여 그들의 이상을 현실에서 실현하고자 하는 것이다. 예전의 공동체가 같은 문화와 역사, 습관을 가진 사람들이 우연적으로 함께 모여 살아가는 것을 뜻했다면 오늘날 개인과 가족 중심의 문화는 이런 공동체로부터 멀어지는 것을 경험하게 되며, 개인의 꿈은 자신의 안녕과 가족의 행복으로 축소된다. 따라서 자신과 가족에 한정되지 않은 꿈과 이상을 계획하는 자는 오늘날 새로운 공동체를 만들어야 한다. 자신의 꿈과 같거나

자신의 꿈에 동의하는 사람들이 함께 모여 그 이상을 현실에
서 실현하는 것이 동지적 공동체이며 이것이 바로 에피쿠로스
의 공동체이었다.

인간의 근원적 본성이 자본주의라는 경제적 이해관계에 의
해 처리되고 왜곡되는 과정에서 인간의 본성을 지키고자 만든
공동체도 있으며, 또는 종교적 공동체를 통해 종교적 신념을
같은 생활공간에서 지키기 위해 만든 공동체도 있다. 이 모두
는 결국 자기 보존적 이해관계와 밀접히 연관되어 있는 개인
과 가족을 넘어 이념의 이해관계에 따라 형성된 공동체라 할
수 있다.

에피쿠로스는 기원전 270년에 죽을 때까지 아테네에서 그의
친구와 제자들과 함께 그 공동체 안에서 생활하고 연구했다.
그때 쯤 그는 병에 걸려 견디기 힘든 고통에 있었으나 과거의
쾌락을 기억하며 잠을 수 있었다고 한다.

그는 많은 저작을 남겼다고 전해지고 있으나, 다른 그리스
철학자처럼 그의 저작 대부분은 소실되었으며, 철학사가인 디
오게네스 라에르티오스(기원후 3세기)가 그의 유명한 책『그리스
철학자 열전』의 마지막 부분 제10권에서 에피쿠로스의 전기와
저작목록 외에 그의 유언장과 세 편지를 싣고 있는 것이 가장
중요하다. 「헤로도토스에게」라는 첫 번째 편지는 자연철학에
대한 간략한 진술을 포함하고 있으며, 두 번째 편지인 「피토클

레스에게」는 천계의 현상들, 즉 천문학과 기상학을 다루고 있다. 세 번째 편지인 「메노이케우스에게」에 에피쿠로스 윤리학의 가장 중요한 주제들이 간략하게 언급되고 있다. 또한 디오게네스 라에르티오스는 윤리적 내용을 포함하고 있는 격언 모음집 『중요한 가르침들』도 남겨 놓고 있다.

첫 번째 제자들 세대의 격언들도 포함된 유사한 모음집이 1888년 바티칸의 필사본들 가운데서 발견되었다. 그리고 1752~1754년 베수비오 산 근처의 헤르쿨라네움 도서관의 파피루스에서 『자연에 관하여』의 일부가 발견되었다. 그 외 로마의 시인 루크레티우스(기원전 1세기)는 『사물의 본성에 관하여』라는 그의 시에서 주로 에피쿠로스의 본래의 저작들에 의거해 있는 에피쿠로스학파의 자연철학을 상세히 진술하고 있다. 또한 키케로의 『신들의 본성에 관하여』도 에피쿠로스 사상을 이해하는 데 중요한 작품이다.

쾌락과 고통

우리가 교과서에서 만나는 에피쿠로스는 쾌락을 통해 행복을 얻을 수 있다고 주장하는 자이다. 그리고 이 행복으로서의 쾌락의 상태가 우리가 외워야 하는 '아타락시아(ataraxia)'인 것이다. 마음이 동요되지 않고 평안한 상태라고 할 수 있는 아타락시아가 그렇다면 행복의 상태일까? 아타락시아는 어떻게 도달할 수 있을까? 오늘날에도 과연 이것이 우리에게 어떤 의미를 줄 수 있을까?

어떤 설문조사에 따르면 개인의 노력에 따라 환경을 바꿀 수 있다고 생각하는 사람들이 개인은 환경의 희생양이라고 생각하는 사람들보다 행복하다는 결과가 나왔다.[7] 즉 문제를 사회나 환경에 돌리기보다 일단 개인의 내면에서 찾고 이를 자신의 노력으로 극복하는데서 행복이 온다는 것이다. 오늘날 행복을 위한 계명으로 '너의 마음을 닦아라!', '모든 문제는 너에게 달렸다'라는 말은 대개 사회나 외부에서 문제해결의 원인을 찾는 것이 아니라 자신의 마음가짐을 통해 행복을 쟁취할 수 있다는 것이다. 그리고 사회나 환경을 탓하기보다 개인, 자신에 대한 집중을 통해 문제를 해결할 수 있다는 생각을 대변하는 섯이 에피쿠로스라고 할 수 있다. 왜냐하면 아타락시아는 일단 개인의 마음의 상태를 말하며 마음이 평안하면 이 세상도 함께 평안할 수 있기 때문이다. 내가 죽으면 이 세상도 없어지는 것이다. 그렇다면 공적인 삶보다 이런 내면적 자아에 대한 집중을 통해 어떻게 행복할 수 있을까? 그리고 이때의 행복이란 무엇일까?

---

[7] 2006년 퓨 리서치 조사. 이 조사는 미국기업연구소(AEI)에서 보수주의자와 진보주의자의 행복 정도를 비교하는 글에서 등장한다. 머니 투데이, 2012년 7월 20일자 기사.

일반적으로 인간은 충동과 욕구에 의해 지배된다. 향락에 대한 충동, 멈출 줄 모르는 만용, 위험에 처해서 달아나려는 충동 등 우리 안의 모든 본능적 기질은 각각 상응하는 감정에서 드러나는 데 이 감정을 '파토스(pathos)'라 부른다. 이 파토스, 정념은 불안, 좌절, 우울 등과 같이 삶에 부정적인 것과 즐거움, 열정, 소유욕과 같이 활기차게 살고자 하는 긍정적인 것으로 구분될 수 있다. 그러나 이 두 가지 감정 모두 우리가 무엇으로부터 얽매이거나 무엇을 원하는 것으로부터 발생하기에 우리를 평안하게 하지 못한다.

'사랑하지도 말며 미워하지도 말라'는 말의 의미도 이와 같을 것이다. 사랑하는 사람은 못 만나서 괴롭고 미워하는 사람은 만나서 괴로우니 마음이 평화롭기 위해서는 긍정적 감정과 부정적 감정 모두에서 벗어나야 한다는 것이다. 욕구적 감정, 파토스는 무엇을 원하거나 얽매이게 하기에 이 감정으로부터 벗어나는 것만이 평온한 마음을 유지할 수 있다.

아리스토텔레스는 성공적 삶을 위해 정념을 긍정하면서 이 정념이 이성적 목소리에 따라 움직이는 것을 탁월함으로 인정하며 공동체에서의 정치적 삶을 강조한다. 행복은 이런 정치적 삶의 조건에서 사회적 의무를 수행하고 공적인 일에서 탁월함을 발휘하여 인정받는 명예에서 존재하는 것이다. 그러나 이런 정치적 삶에서의 탁월함은 언제나 사회적 상황에 의존하게 되고 사회변화에 따른 위험에 노출되게 된다. 아리스토텔레스가 결국 아테네를 탈출할 수밖에 없었던 것도 사회적 상황의 변화 때문이다.

에피쿠로스학파와 함께 삶의 탈정치적 조건을 강조한 헬레니즘 시대에 발생한 스토아학파 역시 이의 위험을 간파했기에 모든 감정으로부터 벗어난 '아파테이아'를 주장한다. 도덕규범을 엄격히 지킴으로써 사회변화에서 오는 불안을 감소하고자 한 스토아학파는 나를 잊고 전체에 자신을 맡기기를 주장한다. 이 전체에 맡김을 통해 나의 불안과 고통은 사라지고 평화가 찾아온다. 이때 전체는 도덕법칙이며 도덕법칙을 정당화해주는 우주만물의 질서인 것이다. 사회가 혼란스러운 시기에 개인의 불안은 두 가지로 해소될 수 있다. 첫 번째 스토아학파처럼 개인은 자신을 잊어버리고 사회를 뛰어 넘는 거대한 초자연적 원리나 존재에 따라 사는 것이다. 두 번째 대안은 그 사회를 등지고 개인의 마음을 수양함으로써 자신의 평화를 찾는 것이다.

탈정치화라는 동일한 삶의 조건에서 에피쿠로스는 스토아학파와 다른 길을 간다. 왜냐하면 유물론적 자연관에 기반한 에피쿠로스에게 신의 섭리에 따라 산다는 것은 하나의 공상일 뿐이다. 에피쿠로스는 신의 존재를 믿지만 신은 자족적 존재이기에 인간사에 결코 관여하지 않는다. 세상은 단지 물질 조각들인 원자와 텅 빈 허공으로 구성되어 있을 뿐이다. 원자들의 우연적 결합으로 생성된 세계는 결코 우리에게 어떤 삶을 살 것을 명령하지 못한다.

에피쿠로스의 원리에 따르면 우리는 이미 존재하는 것에 대해서만 개념을 가질 수 있다. 즉 참된 것은 항상 감각 지각을 통해서든 정신적 지각을 통해서든 우리에게 제공된 정보들로부터 도출된다. 그렇다면 행복은 어떠한가? 행복의 이미지를 제공할 수 있는 현재 행복한 존재가 없다면, 행복 또한 파악하기 어렵다. 이런 의미에서 이미 행복은 존재하며, 이것은 신들의 행복이다. 신들의 모델을 통해 우리는 최고선을 생각할 수 있으며, 행복에 대한 개념을 도출할 수 있다. 신은 우리의 삶에 간섭하지 않지만 우리는 신의 모습을 보고 우리의 행복한 모습을 유추할 수 있다. 왜냐하면 에피쿠로스에게 있어 신은 자족적이고 가장 행복한 존재이기에 굳이 인간 삶에 간섭할 필요가 없으며 이런 신의 모습은 우리에게 행복의 모델을 제공한다는 점에서만 의미가 있을 뿐이다.

그렇다면 우리가 원자들의 인과관계에 따라 움직이지 않고 행복을 위해 스스로 노력하는 것은 어떻게 가능한가? 원자들이 인과관계에 따라 직선운동만 한다면 그들은 서로 부딪히지도 않고 세계는 생성되거나 변화될 수 없을 것이다. 이런 논리적 모순을 극복하기 위해 어쩔 수 없이 도입된 것이 원자들의 일탈이다. 이것이 바로 에피쿠로스에게 논란을 불러일으키는 원자들의 일탈, 편위 운동이다. 남아 있는 에피쿠로스의 저작에서 원자의 일탈을 명확히 설명하는 부분은 없으나 그는 원자의 충돌과 무게 외의 운동 원인을 긍정하고 있다. 따라서 에피쿠로스의 제자인 루크레티우스에 따르면 원자는 그들 스스로 비껴가는 운동을 자발적으로 시작할 수 있다. 그리고 이런 원자의 자발적인 운동이 인간 행위의 자발적인 행위의 근거인 것이다. 영혼의 원자 사이에 이루어지는 일탈이 의식에게 나타나는 물리적 사건이 새로운 운동을 시작하려는 자유의지이다. 인간의 행동이 자유의지의 결과가 아니라면 인간의 행동은 모든 어떤 원인에 따른 필연적인 결과일 것이고 그렇다면 우리에게 당위를 명령하는 윤리적 명제는 가능하지도 않고 필요하지도 않을 것이다. 자유의지가 곧 윤리적 행위의 근거인 것이다. 우리는 자연적 충동에 따라 욕구를 충족하려고 할 수 있지만 그것의 결과가 고통임을 안다면 그 욕구에 반하는 선택을 할 수도 있다. 그리고 고통을 피하고 쾌락을 추구하는 것이 곧 행복을 찾는 과정이다.

행복을 이야기하기 위해서는 즐거운 마음, 쾌락을 긍정하지 않을 수 없다. 일단 행복하다는 것은 정신적이든 육체적이든 고통이 없으며 즐겁고 유쾌한 마음의 상태이다. 따라서 에피쿠로스는 고통을 야기할 수 있는 정념을 최소한으로 줄일 것을 명령한다. 정념에 따라 산다는 것은 결국 그 정념의 대상에 얽매이게 되고 그만큼 자신의 평화를 잃을 가능성이 크기 때문이다. 우리의 마음이 사랑하는 사람이든 미워하든 사람이든 무엇에 얽매이게 되면 그 만큼 마음의 평정을 잃을 가능성은 커지게 된다. 따라서 아리스토텔레스가 정치학의 목표로 긍정하는 명예도 에피쿠로스에게는 피해야 할 것으로 인식된다. 명예를 원하는 것은 곧 다른 사람으로부터 그만큼 인정받기를 원하기 때문이다. 폴리스에서의 삶은 정치적 삶으로 명예는 하나의 덕으로 인정된다. 스토아학파가 이 정념을, 특히 긍정적 정념을 인정하며 어느 정도의 삶의 즐거움을 거부하지 않은 반면에 에피쿠로스학파는 모든 정념으로부터 벗어나야 우리가 원하는 즐거움을 얻을 수 있다고 말한다. 따라서 스토아학파 중에는 세네카와 마르쿠스 아우렐리우스와 같은 정치가도 속하지만, 에피쿠로스학파는 정치와 멀어진 삶을 선택했다.

정치적 삶을 거부하고 사회를 떠나 개인적 삶을 중요시할 때 남는 것은 무엇일까? 즉 세상을 잊어버리고 나의 삶이 중심에 서 있을 때 내가 추구해야 할 좋은 것은 무엇일까? 정치적 삶을 거부할 때 남는 것은 결국 향락적 삶 또는 관조적 삶일 것이다. 향락적 삶은 육체적 쾌락을 통해 개인의 만족과 기쁨을 추구하는 것이며, 관조적 삶은 정신적 만족과 기쁨을 추구하는 삶일 것이다. 즉 세상을 잊어버릴 수 있다면, 남는 것은 개인적 삶이며 따라서 나의 육체의 쾌락과 정신의 쾌락 이외에는 어떤 다른 것도 추구할 필요가 없어질 것이다. 따라서 개인주의자는 대부분 쾌락주의자가 될 수밖에 없다. 그리고 이때 육체적 쾌락은 행복의 지속성과 전체성을 만족시키기 어렵기에 에피쿠로스는 정신적 쾌락을 통해 마음의 평화를 추구하고자 하는 것이다.

따라서 우리는 먼저 에피쿠로스가 말하는 쾌락을 제대로 이해할 필요가 있다. 보통 쾌락은 어떤 욕구나 소망을 충족시켰을 때 생겨난다. 즉 원하는 대상을 소유하거나 바라는 것을 이루었을 때 기쁨과 즐거움이 발생한다. 에피쿠로스는 아리스토텔레스와 달리 쾌락 자체를 긍정한다. 아리스토텔레스는 쾌락을 구분하여 나쁜 쾌락이 아니라 영혼의 탁월함에서 오는 좋은 쾌락만이 행복의 필요조건임을 명시한다. 그러나 에피쿠로스는 쾌락으로 가득 찬 삶과 행복을 같게 여긴다. 일단 쾌락은 좋은 것이며, 행복의 필요충분조건이다. 육체적 쾌락이든 정신적 쾌락이든 쾌락은 좋은 것으로 상정된다. 단지 육체적 쾌락은 아리스토텔레스가 쾌락을 구분했듯이 일차적 의미에서의 쾌락일 뿐이다.

자본주의에서 경제는 성장해야 하며 이를 위해 욕구는 끊임없이 재생산되어야 한다. 사람들의 욕구가 없다면 소비가 없어질 것이며 이는 자본주의가 사라지는 계기가 될 것이다. 따라서 자본주의는 인간의 욕구와 소비로 살아가며, 이를 위해 인간의 본성은 욕구로 규정된다. 인간은 자신이 소비하는 만큼 존재하게 된다. 그러나 이런 일차적 의미에서 생존을 위해

소비하고 이를 통해 느끼는 쾌락은 감각적 만족이지 오래 지속하는 정신적 만족은 아니다.

에피쿠로스가 찾는 쾌락은 일차적 의미에서의 쾌락만을 얘기하는 퀴레네학파의 순간적이고 동적인 쾌락과 다르다. 순간적이고 동적인 쾌락은 그 순간에는 기쁨과 즐거움, 만족을 주지만 결코 지속적인 쾌락을 주지 못한다. 또한 퀴레네학파는 몸의 고통이 마음의 고통보다 더 나쁘다고 생각하며, 죄지은 사람이 몸에 벌을 받는다고 생각한다.

그러나 에피쿠로스는 몸의 고통이 아니라 마음의 고통이 더 나쁜 것이라 주장한다. 육체적 쾌락은 결핍으로 인한 고통이 일단 제거되면, 더 이상 증가하지 않는다. 또는 쾌락을 지속하기 위해서는 쾌락의 형태를 바꾸어야 한다. 그러나 이 또한 시간이 지나면 식상하게 되고 쾌락은 증가하지 않는다. 몸은 단지 그 순간에만 쾌락과 고통을 느끼지만, 마음은 과거, 현재, 미래에 걸쳐서 쾌락을 느끼고 고통을 받기 때문이다. 우리는 과거의 좋았던 때를 기억하며 현재 즐거운 마음을 가질 수 있고 미래의 좋을 때를 상상하며 지금 즐거울 수 있다.

우리는 앞에서 행복의 3가지 기준에 대해 말했다. 행복이라고 말할 수 있기 위해서는 행복은 삶에서의 과정이고 지속적이어야 하며 삶 전체에서 판단해야 한다는 것이다. 에피쿠로스가 말하는 정신적 평안은 고통의 완전한 부재와 그러한 상태의 지속적인 향유이다. 그가 생각하는 삶의 방식은 단지 먹

고 마시는 육체적 쾌락을 추구하는 것이 아니라 현존재를 소
박하게 즐기는 데서 오는 잔잔한 기쁨을 추구하는 삶이다. 정
신적, 영혼적 쾌락이라고 할 수 있다. 따라서 에피쿠로스학파
사람들은 정적과 여유 가운데서 존경하는 스승 에피쿠로스의
저서들을 읽으며 은거의 삶을 살고자 한다. 세상의 끊임없는
변화와 혼란은 마음의 평안함을 해치는 것이다.

그가 찾는 행복은 일견 단순하다. 우리가 행복하다고 느끼
는 것이 행복이라는 것이다. 행복한 상태란 만족해서 즐거운
상태이며, 고통이 없는 상태인 것이다. 쾌락은 고통이 없는 것
이다. 즉 몸의 고통이나 마음의 혼란으로부터의 자유이다. 이
는 인간의 본성이 있으며 이를 탁월하게 수행하는 활동이 행
복이며 그로부터 성공적 삶이 가능하다는 아리스토텔레스의
견해와 달리 행복을 느끼는 주관적 미음을 강조한다. 아무리
내가 탁월하게 잘 활동하고 사회가 이를 인정하더라도 행복이
란 것은 내가 즐겁지 않으면 행복이라고 말하기 어렵다. 일단
행복이라고 말하기 위해서는 만족하고 즐거운 상태가 되어야
한다. 즐거운 느낌이 수반되지 않는 행복은 행복이 아니다. 그
리고 즐거운 느낌은 결국 각 개인의 주관적인 마음에 의존한
다. 이로부터 행복의 주관주의적 견해가 시작되는 것이다.

에피쿠로스가 말하는 쾌락의 상태, 즉 행복이 고통이 없는
상태를 뜻한다는 것은 때로 이해가 되지 않을 수 있다. 쾌락이

고통의 부재를 뜻한다고 말할 때 그는 쾌락과 고통 사이에 있는 상태나 감정을 부정하는 것 같다. 우리는 때로 즐겁지도 고통스럽지도 않는 순간을 경험한다. 그리고 단순히 고통이 없다고 해서 이것을 즐거운 상태라고 부를 수 있을까도 의문스럽다. 그러나 때로 육체적 고통이나 정신적 고통에 있는 사람들은 훨씬 민감하게 이해할 수 있을 것이다. 육체적 고통은 우리의 정신과 의지를 나약하게 만든다. 심각한 고통은 어쩌면 차라리 죽는 게 낫다고 생각하게도 한다. 고통의 순간에 느끼는 아픔은 고통이 없다면 모든 것이 좋다는 생각뿐이다. 그러나 그 고통이 지나면 우리는 그 순간을 잊고 행복을 다른 곳에서 찾고자 할 뿐이다. 정신적 고통 또한 때때로 우리를 파멸로 이끌게 한다. 어쩌면 아무 일도 없는 것이 좋은 날인 것처럼 생각된다.

그렇다면 고통이 없는 순간이 곧 쾌락의 순간으로 해석할 수 있지 않을까? 동적인 쾌락은 결핍으로 인한 욕망을 만족시킬 때 얻어지는 쾌락이다. 욕망이 충족되는 순간 고통은 사라지고 쾌락이 뒤따른다. 당신은 목이 마르다. 그래서 물을 마신다. 그 순간 동적인 쾌락이 존재한다. 그러나 동적인 쾌락은 항상 무언가를 만족시키려 한다. 그렇지 않다면 쾌락은 사라지고 불만족이 생기기 때문이다. 그러나 정적인 쾌락은 어떤 욕망을 충족시키고자 하지 않는다. 최소한의 욕망을 만족시키기에 더 이상 고통이 생겨나지 않는다. 당신은 목이 말라 물을 마신 다음 더 이상 갈증을 느끼지 않는다. 더 이상 고통이 없는 상태가 바로 정적인 쾌락인 것이다. 더 이상 어떤 것도 결핍되지 않고 어떤 것을 원하지 않는 상태가 정적인 쾌락으로 이것이 바로 에피쿠로스가 말한 행복인 것이다.

따라서 인간의 궁극적 목적이 행복이며, 이는 쾌락의 추구와 고통의 회피에 있다는 것은 행복이 인간의 생물학적 본성에 근거해야 한다는 믿음이다. 인간을 포함한 모든 생물은 즐거움을 가치 있는 것으로서, 고통을 피해야 할 것으로 느낀다. 우리 인간도 원초적으로 즐거움과 고통을 자명하게 인식하며 즐거움은 좋은 것(선)이요, 고통은 나쁜 것(악)으로 경험하며 인식한다. 에피쿠로스에게 인간이 모든 생물처럼 쾌락을 추구하고 고통을 피한다는 것은 명백하다. 이런 점에서 에피쿠로스는 경험론자라 얘기할 수 있다.

『헤로도토스에게 보내는 편지』가 자연학적 진리의 '요소들'에 관해 설명한 글이라면, 『메노이케우스에게 보내는 편지』는 에피쿠로스 윤리학의 정수가 담겨져 있다. 이곳에서 네 가지 원칙을 전개한다.[8]

(1) 신들을 두려워할 것 없다 : 신은 존재하지만, 가장 자족

---

[8] 장 살렘, 양창렬 역, 『고대원자론』, 난장, 2009, 124쪽 참조.

적 존재이기에 인간사에 개입하지 않는다. 그리스 로마 신화에 의하면 신들은 인간처럼 질투와 이기심, 경쟁심 등을 가지고 인간 행동 하나하나에 관심을 갖고 지켜보며 우리에게 상을 주거나 벌을 준다. 그러나 에피쿠로스에 따르면 이것은 잘못된 생각이며 신은 우리와 다르다는 사실을 잊고 있기에 발생하는 것이다. 신은 인간처럼 행동하지 않는데도 많은 사람들은 신을 오해하여 신을 인간화한다. 그러나 신은 자족적이며 완전히 행복한 존재이기에 어떤 욕심에 의해 인간의 삶에 개입할 하등의 이유가 없다. 비록 신들은 존재하지만 인간과는 완전히 다른 세계에서 인간과 무관한 존재인 것이다.

이런 인간과 신의 관계에 대한 통찰은 결국 에피쿠로스의 행복관과 관련되어 있다. 만약 절대적 힘을 가진 신이 우리에게 영향을 끼친다고 생각한다면 신에 대한 두려움은 우리 마음의 평화와 안정을 해칠 것이다. 따라서 만약 신이 인간세계에 관계하지 않는다는 것을 안다면 우리는 비로소 자유로움을 느끼게 되고 자신의 평화를 스스로 노력하여 가질 수 있다.

(2) 죽음은 우리에게 아무것도 아니다 : 우리가 존재하는 한 죽음은 우리와 함께 있지 않으며, 죽음이 오면 이미 우리는 존재하지 않기 때문이다. 따라서 죽음도 두려운 일이 아니다. 이런 앎이 우리에게 불멸에 대한 헛된 욕망을 제거시켜 준다.

죽음에 대한 통찰 또한 에피쿠로스의 마음의 평화에 대한 열망에서 귀결될 수 있는 것이다. 죽음은 신 다음으로 절대적인 것으로 우리에게 두려운 대상이다. 그러나 죽음 또한 우리 삶에 어떤 영향도 끼치지 않는다는 것을 인식한다면 마음의 평화는 쉽게 이루어질 것이다. 행복은 현실의 삶에서 가능한 목표로서 두렵고 걱정할 것이 없을 때 찾아온다.

(3) 쾌락이 목적이다 : 쾌락은 최고선으로서, 선택하고 회피하는 모든 행동은 쾌락에서 발생한다. 우리는 쾌락을 주는 것을 선택하고 고통을 주는 것으로부터 멀어지려 한다. 쾌락은 몸의 고통이나 마음의 혼란으로부터의 자유이다. 우리는 욕망을 구별함으로써 진정한 쾌락을 이룰 수 있다. 하지만 우리가 모든 쾌락을 선택하는 것은 아니며, 고통이 비록 나쁜 것이지만 항상 고통을 피하는 것도 아니다. 우리는 양자를 비교함으로써 이득이 되는 것과 해가 되는 것을 고려해서 선택해야 한다. 어떤 경우에는 고통을 주는 것이 나중에 더 큰 쾌락을 주기 때문이다.

인간의 행동을 판단하는 올바른 기준은 어떤 행동이 도덕원칙에 부합하는가에 있지 않고, 그 행동이 과연 진정한 쾌락을 가져다주는가에 달렸다. 이를 위해 쾌락과 고통을 이성적인 계산을 통해 비교함으로써 내면의 평정을 가져다줄 것 같으면 그 행동을 추구하고, 또 반대로 그 행동이 우리의 근심을 더해줄 것 같으면 그 행동을 억제한다.

(4) 우리는 행복에 이를 수 있다 : 가장 큰 선은 실천적 지혜(사려깊음 : phronesis)이다. 이를 통해 우리는 선택해야 할 것과 피해야 할 것을 알 수 있다. 실천적 지혜를 가진 사람은 우연을 믿지 않으며 이성적으로 숙고한다. 이 이성적 숙고를 통해 우리는 먼저 어떻게 할 수 없는 초월적이고 신비적인 것으로부터 벗어나 두려움과 근심을 없애야 한다. 그 후 최소한의 욕망에 만족하고 실천적 지혜를 통해 쾌락과 고통을 재어 지속적인 쾌락인 마음의 평정을 지향한다.

그렇다면 마음의 평안에 도달하기 위해 어떻게 해야 하는가? 고통의 부재가 쾌락이지만 우리의 욕구는 어떤 것이 없기에 발생하는 고통이다. 욕구는 결핍이며 이는 고통이다. 이러한 고통을 제거하려면 욕구를 충족시켜야 한다. 그러나 무분별한 욕구의 충족은 결코 고통을 감소시키지 않는다. 어떤 욕구의 충족에서 오는 쾌락은 잠깐이고 보다 크고 지속적인 고통을 가져오기도 한다. 지속적 쾌락을 위해 욕구는 구별되어야 한다. 왜냐하면 우리가 자연스럽게 본래적으로 가지고 있지 않은 욕구는 결국 우리를 고통으로 내몰기 때문이다. 우리의 욕구충족이 언제나 순수한 쾌락으로 끝나지 않는 까닭은 욕구 그 자체의 비본래성 때문이다.

진정한 쾌락을 누리기 위해 에피쿠로스가 제안하는 것은 따라서 욕구의 본성을 명확히 이해하는 것이다. 그에 따르면 욕구는 세 가지 종류가 존재한다. 첫째 자연적이고 필연적이며, 둘째 자연적이기는 하지만 필연적이지는 않고, 셋째 자연적이지도 필연적이지도 않고 다만 헛된 생각에서 생긴 욕구가 있다.

자연적인 욕구는 공허한 욕구나 상상적인 욕구와 구별되는 것으로 인간으로서 자연스럽게 발생하는 욕구이다. 공허한 욕구는 살아가기 위해 자연스럽게 발생하는 것이 아니라 명예욕이나 지배욕, 불사에 대한 욕구와 같이 없어도 되는 욕구들이다. 이 자연적인 욕구는 또한 필연적인 욕구와 필연적이지 않은 욕구로 구별되는데 필연적 욕구는 육체적인 건강과 마음의 평안을 위해 필요한 것을 말한다. 예를 들면 음식과 의복, 거처에 대한 욕구들이다. 그에 비해 자연적이지만 필연적이지 않은 욕구는 맛좋은 음식이나 아름다운 옷, 좋은 거처, 그리고 성적인 욕구들이다.

자연적이지도 필연적이지도 않은 욕망은 그것이 충족되지 않더라도 고통을 가져오지 않기 때문에 그것의 충족은 진정한 쾌락이 아니다. 그러나 사람들은 헛된 생각으로 인해 그것을 충족하고자 하며, 그로부터 쾌락이 온다고 생각한다. 그러나 다른 사람들로부터 존경을 받지 않아도 고통은 없다. 명예욕은 단지 나의 마음을 힘들게 할 뿐이다. 이 욕구는 우리에게 쾌락을 주는 것이 아니라 고통만을 줄 뿐이다.

자연적이지만 필연적이지 않은 욕구에 굴복하는 것도 마음의 즐거움을 위해 줄여야 한다. 오늘날 '단순하게 살아라!', '소박하게 살아라!'고 외치는 종교적 진리 또한 필연적이지 않은 욕구를 경계하는 말일 것이다. 사람들이 최소한의 욕구만족에 머무는 것이 아니라 더 많이 더 좋은 것을 원할 때 스스로는 힘들게 되고 고통스럽게 될 수 있다. 때로 뷔페에 가서 드는 생각은 이 많은 음식들은 무엇을 위한 것일까라는 것이다. 불필요하게 많은 음식을 담는 나 자신을 보며, 그것을 또 다 먹기 위해 열심히 먹어대는 나 스스로를 보며 의문이 든다. 욕망이 나인가? 내가 욕망인가? 인간의 욕망을 부정할 수 없겠지만 내가 살아가는 것 이상의 욕망을 만족시키기 위해 살아가는 것을 볼 때 어쩌면 나의 삶은 불필요한 욕망을 충족시키려는 과정이 아닐까라는 의문이 든다. 욕망을 끊임없이 키우고 자극하는 나 아닌 것에 대항하여 나를 찾고 지키는 것도 중요하지 않을까? 적절한 욕망은 나뿐만 아니라 우리 사회와 세계를 보호하는 것이 아닐까? 인간은 욕망을 충족시키기 위해 자연을 무차별적으로 이용한다. 자연은 파괴되고 자원은 고갈된다. 그러나 우리가 생산하는 곡물은 이미 전지구인을 먹여 살릴 수 있는 양이다. 그럼에도 불구하고 세계의 반은 굶주리며 남는 식량은 버려진다. 불필요한 욕망을 충족시키기 위해 많은 사람들의 필요한 욕망조차 무시되며 지구는 파괴되는 것이다.

명품을 입고 명품으로 치장하는 것은 누구를 위한 것일까? 사람들은 명품을 존경하거나 명품을 사는 돈을 존경하는 것이지 나를 존경하는 것은 아닐 것이다. 그럼에도 필연적이지 않은 욕구를 만족시키기 위해 나의 삶 자체가 매달리는 것은 내 삶의 주인공이 나의 부풀려진 욕망이기 때문이다.

따라서 에피쿠로스에 의하면 지나친 욕망은 결국 우리를 고통으로 내몰 뿐이다. 배고픔의 고통을 면하게 해주는 것은 너무 많은 음식이 아니다. 어느 정도 채워진 후 고통이 사라진 후에도 계속된 욕망은 헛된 것일 뿐이다. 사치스러운 옷이나 검소한 옷이나 우리 몸을 감싸는 데는 같은 기능만을 수행할 뿐

이다. 고통이 사라진 후 더 이상의 쾌락은 증가하지 않는다. 따라서 『단장』에서 에피쿠로스는 다음과 같이 말한다.

"가장 큰 부를 소유함에 의해서도, 군중들로부터 명예와 존경을 소유함에 의해서도, 그리고 한없는 욕망으로부터 생기는 다른 어떤 것들에 의해서도, 마음의 동요가 끝나지 않으며 진정한 기쁨이 생기지도 않는다."

필연적인 욕구들은 다시 삶을 살아가기 위해 필요한, 즉 육체적인 안녕에 봉사하는 데 필요한 것과 행복한 삶을 위해 필요한 것들로 구별할 수 있다. 육체적인 안녕을 위해 필요한 것들은 의, 식, 주가 대표적인 것이며, 행복한 삶을 위해 필요한 것들에는 우리를 근거없는 불안과 불필요한 소망들로부터 자유롭게 하는 철학적 통찰도 속한다. 따라서 에피쿠로스에 의하면 행복한 삶을 위해 우리에게 필요한 욕구는 자연적이며 필연적 욕구들로서, 살아가기 위해 필요한 약간의 음식과 의복, 약간의 친구와 철학이라 할 수 있다.

우리가 자연학을 공부하는 것도 에피쿠로스에 따르면 결국 마음의 평안을 위해서이다. 우주의 본성을 모르거나 신화로부터 세계를 이해하는 것은 우주를 두려운 대상으로 만든다. 낮에 산속을 걷는 것과 한밤에 산에 있을 때 차이를 생각해보라. 밤길에 보이는 나무의 그림자를 우리는 괴물로 만들거나 무서운 존재로 상상한다. 그러나 낮에 그 길을 다시 간다면 결코 나무의 그림자를 보고 무서워하지 않을 것이다. 무엇인지 알지 못할 때 우리는 그것을 괴물로도 만들고 신으로도 만들게 된다. 벼락의 원리를 모를 때 벼락은 신의 노여움이었다. 그러나 이제 우리는 벼락을 보고도 무서워하지는 않는다.

따라서 가장 중요한 사실들의 원인을 정확히 발견하는 것이 자연학의 역할이며, 행복은 천체 현상의 본성에 대해 관찰하고 이런 목적을 위해 필요한 지식들을 획득하는 데 있다. 천제의 본성이 무엇인지 모르는 사람들은 자연에 대해 두려움을 가지게 되고 이는 마음의 평안과 행복을 얻는 데 방해가 되기 때문이다.

이런 욕망의 분류에 따라 우리가 추구해야 할 쾌락도 가려진다. 물론 모든 쾌락은 행복한 삶의 원리이자 목적이다. 즉 쾌락은 선인 것이다. 그러나 계속 술을 마시거나 흥청거리는 일도, 풍성한 식탁이나 육체적 욕망의 충족에 따른 쾌락도 삶을 즐겁게 만들진 않는다. 어떤 쾌락으로부터 더 막대한 고통이 따른다면 그 쾌락은 피해야 하며, 어떤 고통으로부터 더 큰 쾌락이 따른다면 그 고통은 무릅써야 한다. 가장 중요한 것은 이런 쾌락과 그것을 원하는 욕망들을 이해하는 것이다. 이를 위해 실천적 지혜를 통해, 즉 어떤 것을 선택하는 것이 가장 좋은 것인가를 정확하게 계산해야 한다. 가장 큰 선은 각각의 행위들과 관련하여 찬성할 것과 반대할 것을 잴 수 있는 기술이다.

우리는 실천적 지혜를 가진 인간이기에 단순히 모든 즐거움을 선택하고 모든 고통을 회피하지는 않는다. 어떤 고통은 불가피하며 그 결과가 더 큰 즐거움을 준다면 기꺼이 고통을 감수한다. 또는 순간적인 즐거움을 주는 것도 그 나중의 결과가 결국 고통이라면 그런 즐거움을 피하고자 한다. 따라서 에피쿠로스가 말하는 쾌락은 고통과 쾌락을 비교함으로써 이득이 되는 것과 해가 되는 것을 고려하는 것이다.

아리스토텔레스에게 실천적 지혜가 중용을 선택하기 위한 인간 이성의 탁월함이었다면, 에피쿠로스에게도 이 실천적 지혜는 하나의 큰 선으로서 작용한다. 그러나 아리스토텔레스와 달리 에피쿠로스의 실천적 지혜는 쾌락과 고통을 현명하게 선택해주는 능력으로서 다른 모든 탁월함이 이로부터 생기는 것이다. 즐거움은 탁월함에서 발생하고 이 탁월함은 실천적 지혜에서 나오기 때문이다.

이렇게 실천적 지혜를 통해 우리는 욕망을 구별할 수 있으며, 실제로 행복한 삶을 위해 필요한 욕망만을 충족한다면, 즉 약간의 물질적 재화와 친구, 철학만이 있으면 우리는 행복할 수 있다. 이는 누구든지 조금의 절제만으로 가능한 삶의 행복을 말하는 것이다. 조금의 물질적 조건에 만족하고 고통을 최대한 회피하며 어떤 의미에서는 밋밋한 삶을 향유하는 데서 오는 즐거움을 에피쿠로스는 진정한 행복이라고 말한다. 왜냐하면 진정한 행복인 아타락시아의 상태는 마음의 평화와 안정이기 때문이다. 고통스럽지 않고 어디에도 흔들리지 않는 평온한 삶으로부터 마음의 평화는 올 수 있다. 반면에 경제적, 정치적, 도덕적 탁월함에 대한 욕망은 결국 삶을 불안정하고 위험스럽게 만들뿐만 아니라 마음의 불안과 근심, 걱정을 야기시키기에 결코 마음의 즐거움을 가져다 줄 수 없다.

에피쿠로스가 경계하는 마음의 불안은 결국 죽음에 대한 두려움도 극복하기를 요청하고 있다. 철학을 통해 죽음을 바르게 안다면 죽음조차 우리의 마음을 흔들지 않을 것이다. 죽음은 우리 모두가 경험하게 되는 그러나 누구도 경험하지 않은 낯선 존재로서 항상 우리 모두를 불안하게 하는 근원이다. 외로움에 대한 불안이 우리의 행동을 유발하듯이 죽음에 대한 공포는 삶을 어떻게 살지를 선택하게 한다. 절대적으로 낯설기에 그에 대한 불안과 공포는 발생할 수밖에 없으며 마음의 평화를 위해 극복되지 않으면 안 된다.

> "삶과 죽음의 길이 이(이승)에 있음에 두려워, 나는 간다는 말도 못다 이르고 갔는가,
> 어느 가을 이른 바람에 여기 저기 떨어지는 나뭇잎처럼, 같은 나뭇가지에 나고서도 가는 곳을 모르겠구나, 아아 극락에서 만나볼 나는 불도를 닦으며 기다리겠노라."

『삼국유사』에 전해지는 월명사가 지은 '제망매가'는 죽음에 대한 두려움과 그로 인한 삶의 무상함을 얘기하고 있다. 죽음이 있기에 삶의 무상함이 존재하며 삶의 허무를 극복하기 위해 종교적 믿음이 성립할 것이다. 그러나 신에 대해서도 마찬가지였지만 죽음 또한 에피쿠로스에게는 우리 삶에 영향을 끼치지 못한다. 그에 따르면 죽음은 우리에게 아무 것도 아니다. "왜냐하면 우리가 존재하는 한 죽음은 현존하지 않으며, 죽음

이 현존한다면 이미 우리는 존재하지 않기 때문이다. 그렇다면 죽음은 산 사람이나 죽은 사람 모두와 아무런 상관이 없다. 왜냐하면 산 사람에게는 죽음이 존재하지 않고, 죽은 사람은 이미 존재하지 않기 때문이다.”

종교가 내세를 통해 죽음을 극복하고자 했다면, 에피쿠로스는 죽음을 현세에서 철저히 부정함으로써 극복하고자 한다. 이를 통해 에피쿠로스가 말하고자 하는 것은 삶과 죽음에 대한 관계라기보다는 가장 큰 고통이자 그러므로 악인 죽음도 우리의 잘못된 공상에 의한 결과라는 것이다. 삶의 두려움, 공포를 유발하는 것은 결국 자신의 마음인 것이다. 우리는 죽음을 체험할 수 없으며, 죽음에 결부된 걱정은 문자 그대로 대상 없는 두려움인 것이다.

이와 같은 맥락에서 에피쿠로스는 『메노이케우스에게 보내는 편지』 끝부분에서 다음과 같이 적고 있다.

“그러므로 이러한 사실들 그리고 그와 같은 부류의 것들을 너 스스로뿐 아니라 너와 비슷한 자와 함께 밤낮으로 생각하라. 그러면 너는 자나 깨나 고통받지 않게 될 것이며, 사람들 사이에서 신처럼 살게 될 것이다. 왜냐하면 불멸하는 선 속에서 사는 사람은 사멸하는 존재들과는 다른 듯이 보이기 때문이다.”

이것은 진정한 쾌락인 마음의 평정은 세상사의 번거로움으로부터 벗어나 올바른 지혜에 따라 사는데 있다는 것을 말한다. 에피쿠로스가 추구하는 쾌락은 정적인 쾌락으로서 고통의 완전한 제거로부터 오는 고요함이다. 그러나 이런 고요한 마음과 삶이 곧 고독한 삶을 말하는 것은 아니다. "너 스스로뿐 아니라 너와 비슷한 자와 함께"라고 말하듯이 에피쿠로스는 공동의 수도생활 또는 공동의 유유자적한 생활의 가치를 강조하고 있다.

불안한 사회상황에서 정치와 사회를 떠나 개인의 안정과 평안을 찾는 개인주의가 필연적으로 대두될 수밖에 없으며, 그 개인주의는 보편주의라는 정당화 속에서만 자신의 불안을 극복하기에 만민에게 개방된 공동체적 수도생활은 필수적이다. 단지 그 공동체는 개인의 이익실현을 위한 공동체가 아니라 마음의 평화를 유지하기 위해 노력하는 사람들의 모임인 섯이다.

따라서 그는 개인의 이상과 꿈을 사회에서 실현하는 정치적 삶을 거부했지만 사람들 사이의 우정은 행복을 위해 필요한 것이라 말한다. 친구가 서로 실제적이고 구체적으로 주는 도움은 사람이 살면서 꼭 필요한 관계이며, 즐거움을 주기 때문에 행복을 위해 우정은 필요하다. 따라서 그는 죽을 때까지 관계를 위해 노력한다. 세상을 만나는 방식이 세계와 나, 타인과 나, 자기 자신과의 관계로 구분될 수 있을 때 세계와 나의 관계는 나의 욕구를 조절함으로써 행복을 추구할 수 있다면 타인과 나의 관계는 정치가 아니라 우정을 통해 행복에 기여하는 것이다. 우정은 공적인 일을 함께 도모하는 동지적 관계가 아니라 자신의 사적인 공간에 머무르려 하는 사람이 누릴 수 있는 가장 이상적인 인간관계일 것이다. 또한 우정은 애정처럼 격렬하거나 애인과의 관계에서처럼 일희일비하지 않는 지속적 관계이다. 타인과 따뜻하고 친밀한 관계를 맺음을 통해 영혼의 평화를 해치지 않으면서 삶을 풍요롭게 하는 것이다.

이와 같은 에피쿠로스의 행복관은 이제 그 출발점과 다른 방향을 지시하고 있다. 쾌락이 행복의 길임을 인정하는 가운데 행복이 지속적이고 삶 전체에서 오는 쾌락이 되기 위해 그는 욕망의 절제를 부르짖게 된다. 이 욕망의 절제를 통해 단순한 육체적, 감각적 쾌락이 아니라 정신적 만족과 평화를 이루게 되는 것이다. 욕망의 사슬에 마지막 고리는 없다. 신체적 쾌락과 소유를 통한 만족은 시간이 흐르면 점차 감소한다. 최초의 쾌락은 점차 익숙해지고 쾌락의 지속을 위해 또 다른 욕망과 소비가 발생한다. 다시 불만으로 변하며 또 다른 갈증으로 바뀐다. 더 이상 소비할 수 없다면 어느 순간 욕망을 억누르거나 만족해야 한다. 어쩌면 에피쿠로스는 금욕주의적 삶이 우리에게 쾌락을 준다고 주장하고 있다. 오늘날 욕망과 소비의 시대에 자연적이고 필연적 욕구만을 인정하며 인간과 삶의 단순함을 긍정하는 것이 얼마나 설득력을 가질 수 있을까?

소박한 삶에 마음의 평화가 있으며 마음의 평화가 바로 행복이다. 오늘날에도 수도자들의 삶은 단순함과 소박함을 유지하고자 한다. 물질적 욕구를 최소로 가지며 정신적 만족의 최대를 지향하는 것이다. 이것이 에피쿠로스가 정신적 평안을 묘사하고 있는 '바다처럼 고요한 상태의 영혼'을 의미하지 않을까? 그러나 오늘날 귀촌 인구의 증가와 대안적 삶, 대안학교를 모색하는 운동을 보면 이런 에피쿠로스의 삶이 단지 수도자에게만 해당되는 것이 아니라는 것을 알 수 있다. 소비의 미덕이 더욱 강조될수록 우리의 욕구는 만족되지 않으며 마음 또한 평안해지지 않을 것이다. 그렇기에 일상의 우리에게도 소비의 시대에 마음의 평화를 얘기하는 책들이 중요해진다. 최소한의 욕구충족에 만족하고 마음의 평화를 해치는 것을 멀리하는 삶에 행복의 주관주의적 견해가 놓여 있다.

치유로서의 철학

에피쿠로스에 따르면 철학은 "추론과 토론을 통해 행복한 삶을 얻어내는 활동"이다. 따라서 철학하기를 미룬다는 것은 그만큼 행복해지기를 미룬다는 것이다. 우리의 시간은 제한되어 있고 인생의 목적이 행복이라면 다른 일을 하며 시간을 낭비해서는 안 된다. 『메노이케우스에게 보내는 편지』에서 에피쿠로스가 말하듯, "어떤 이도 젊다고 철학하기를 주저해서는 안 되며, 어떤 이도 늙었다고 철학에 싫증을 내면 안 된다. 왜냐하면 어느 누구도 영혼의 건강을 얻기에 너무 이르거나 늦지 않았기 때문이다."

정신 수양으로서의 철학은 동양의 불교적 사유에서도 나타난다. 불법을 만나기 어렵고 만났다면 서둘러 불법을 닦고 실천해야 참된 인간 삶을 영위할 수 있다. 나의 내면, 본성에 대한 앎을 통해 참된 자아를 발견하기를 요청한다. 이때 참된 자아란 곧 내가 이미 부처임을, 즉 나의 원래 자아는 어떤 때에도 물들이지 않은 순수한 평화자체를 의미한다. 살면서 세상을 만나 이 자아는 헛된 욕망과 이기심으로 왜곡되고 때가 묻는 것이다. 욕심을 줄이고 때를 벗겨낼 때 깊은 바다의 고요한 상태가 드러날 수 있다.

'긍정 심리학'은 최근 21세기에 행복을 연구하는 중요한 길 중 하나를 대변한다. 이것은 행복에 대한 외적인 조건보다는 행복한 사람들의 마음에 대한 연구를 통해 행복을 위한 원리와 방법을 탐구한다. 이는 결국 행복이 사람들의 심리적 현상임을 전제하는 것이다. 즉 행복은 제3자의 시각이나 잣대가 아니라 주관적 판단이나 느낌으로 판단되어야 한다는 것이다. 따라서 행복은 돈, 명예, 권력, 건강과 같은 외부적, 물질적 조건에 의해서만 결정되는 것이 아니라, 삶의 전체적 질에 대한 종합적인 평가로 이루어져야 한다는 것이다.

이런 전제 하에서 긍정심리학을 주장하는 마틴 셀리그만은 지금까지 심리학이 삶을 불행하게 하는 부정적 심리 상태를 연구하고 이를 치료하는데 노력했다면, 오늘날 심리학은 긍정적인 정서에 대해 연구하고, 개인의 강점과 미덕을 살려 행복한 삶을 이끌도록 해야 한다고 말한다. 즉 행복한 삶을 위해 자신감, 희망, 신뢰감 등과 같은 긍정적 정서와 자신의 강점과 미덕을 계발해야 한다는 것이다. 이런 관점에서 순간적인 쾌락은 지속적인 만족을 줄 수 없으며 긍정적 감정이 행복감을 높이는 요소임을 통계적 자료를 통해 제시하고 있다.

이와 같은 일련의 주장들은 모두 행복에 이르기 위해서는 개인의 심리를 분석하고 그로부터 안정되고 즐거운 마음을 갖는 법을 찾아 마음이 평안하게 되는 것이 행복이라고 우리에게 전해주는 것이다. 이런 관점에서 결국 에피쿠로스에 따르면 우리가 행복하다면 지금에 만족하기에 나쁜 것을 할 생각이나 기회가 없을 것이며, 불행하다면 행복을 얻기 위해 무슨 일이든지 할 것이므로 우리는 지금 행복을 위해 노력해야 한다. 그리고 지금 행복하기 위해 가장 우선적이고 중요한 것은 내가 행복하다고 느끼는 것이다. 행복을 느끼기 위해서는 욕심을 버리고 지금에 만족하는 삶뿐이다. 내가 비록 어려운 상황에 있더라도 긍정적으로 생각하고 욕심을 줄인다면 지금 당장 나의 마음은 고통이 없을 수 있고 행복할 수 있다.

　따라서 에피쿠로스가 우리에게 알려 주는 것은 파랑새가 어디 다른 곳에 있는 것이 아니라 우리 집에, 즉 내 마음의 평안에 있다는 것이다. 누구든 파랑새의 이야기는 한번쯤 들어보았을 것이다. 꿈의 상징이자 행복의 상징인 파랑새를 찾아 틸틸과 미틸 남매는 여기 저기 멀고 긴 길을 떠났다가 끝내 파랑새를 찾지 못하고 집으로 돌아온다. 그러나 파랑새는 자신의 집에서 기르던 새인 것을 알게 된다. 그러나 마지막에는 집에서 찾았던 파랑새마저 날아가 버리고 만다. 에피쿠로스는 내 힘으로는 어쩔 수 없는 사회를 포기하고 내가 직접 다스릴 수 있는 나의 마음에서 행복을 추구하려고 한다. 마음이 평안하면 굳이 잃어버린 것을 찾아 헤매듯 돌아다니지 않아도 되며, 나의 욕망을 절제하여 소박한 일에서 삶의 기쁨과 행복을

찾을 수 있는 것이다.

따라서 이런 종류의 쾌락을 통한 행복은 누군가 특정한 행동으로 더 많은 행복을 얻을 수 있는, 쾌락을 양적으로나 질적으로 최대화하는 것이 도덕적 행동이라고 주장하는 공리주의적 행복관과는 다르다. 공리주의는 최대다수의 최대행복이라는 원칙하에 모든 사람에게 쾌락이 되는 행동이 곧 우리의 행복이라고 말한다. 내가 어떤 일을 행하는 데 있어 가지게 되는 쾌락과 고통의 양을 합산하고 다른 사람에게 미치는 쾌락과 고통까지 합산하여 쾌락을 주는 총액이 바로 나의 행복 값이다. 따라서 나는 되도록 많은 쾌락을 주는 행동을 하는 것이 나의 행복을 증진시키는 행동이다. 이에 따르면 합리적이고 수학적인 방식으로 얻어지는 계산으로 우리는 얼마든지 성공적으로 행복을 추구할 수 있다. 한 행동의 옳고 그름은 그 행동이 얼마나 많은 행복을 만들어 내느냐하는 것이다.

그러나 이런 공리주의적 행복관은 일상적인 의미에서의 쾌락만을 말함으로써 스스로 모순에 부딪히게 된다. 공리주의는 사람들이 대부분 비도덕적이라고 느끼는 행동을 통해 쾌락을 얻는 것을 설명하지 못한다. 또한 다수가 소수를 지배하고 횡포를 부릴 때도 저항할 힘이 부족하다. 개인의 도덕적 권리는 너무나도 자주 무시되고 보호받지 못한다. 가장 정밀한 계산으로도 행복을 계산할 수 없다. 쾌락을 현실적인 욕망이나 경험에서부터 이끌어냄으로써 현대 자본주의적 구조에 가장 적합한 행동을 정당화할 수 있으나, 이때의 쾌락은 결국 에피쿠로스가 경계한 동적인 쾌락이다. 에피쿠로스가 쾌락 자체에 대한 분석과 반성을 통해 행복은 지속적인 쾌락이라고 할 수 있는 정적인 쾌락에 있음을 말하는 반면에 공리주의자에게 있어 쾌락은 단지 우리에게 즐거움을 줄 수 있는 좋은 것 모두라 할 수 있을 것이다. 그러나 이는 결국 동적인 쾌락을 탐닉하는 사람들을 쾌락의 사슬에 얽매이게 한다.

사회가 아니라 개인에게 그리고 마음에 집중하여 행복의 길을 제시하는 것은 결국 상처받은 삶을 치유하는 기능을 수행한다. 혼자 살지 않는 이상 우리의 삶은 상처받을 수밖에 없으며 마음의 평화를 중시하는 주관주의적 행복관은 이런 삶에서 받은 마음을 어루만지는 것이다. 이런 철학은 우리를 치료할 수 있다. 고대 철학자가 말하듯이 철학 담론에 의해 인간의 정념이 치유되지 않는다면, 그것은 헛된 것이다. 왜냐하면 "의술이 신체의 병을 쫓아내지 못하면 아무 소용이 없는 것처럼, 철학이 영혼의 정념을 쫓아내지 못한다면, 철학도 마찬가지"이기 때문이다. 철학을 의술과 비교하는 것, 특히 정신치료로 철학을 간주하는 것은 헬레니즘 시대에 전통적인 것으로 키케로에서도 나타난다. 그는 철학이 진정한 "영혼 치료"라 말하며, 철학을 영혼의 진통제라고 표현한다.

오늘날 인문학에서 인문치료를 말하며, 특히 치유로서의 철학을 다시 말하는 것은 무엇 때문일까? 에피쿠로스의 시대가 다시 도래했기 때문일까? 기존의 치료가 환자의 문제시되는 부분만을 물질적 관점에서 치료했다면, 치유는 우리 자신의 존재와 삶 전체를 대상으로 한다. 인문학적 가치와 방법으로 마음의 건강과 행복한 삶을 위해 인간의 정신적, 정서적, 신체적 문제를 치유하는 것이다. 그것은 잃어버렸던 자신의 본래적인 목소리, 거부하고 감추어 두었던 것들을 다시 발견하고 포용하며 존중한다. 원래 평온했던 자신의 마음은 경쟁적 삶 속에서 남을 이겨야만 얻을 수 있는 이익과 전리품에 사라지고 그 과정에서 자라는 불안과 초조함이 내 마음을 대체한다. 따라서 치유는 우리 자신의 내면의 평화를 찾아가는 여정이다. '자신의 어두운 부분을 껴안고 상처받은 마음을 부드럽게 감쌀 때 우리는 또 다른 내 자신의 모습을 발견한다. 무엇보다도 그것은 내 자신의 정직한 본성의 발견이며 만남이고 구원이며 자유이다.'[9]

물론 이와 같은 에피쿠로스의 주관주의적 쾌락은 몇 가지 문제점을 가진다. 고통과 쾌락 외에 제3의 지대를 인정하지 않고, 고통의 부재가 쾌락이라고 말하는 것은 일상의 상식에 맞지 않다. 우리 삶은 쾌락도 아니며 고통도 아닌 시간이 대부분

---

[9] 임병식, '인문치료란 무엇인가', 「의료관광신문」, 2011. 11. 15.

이라고 할 수 있다. 그러나 우리는 이런 순간을 보통 행복한 순간 또는 즐거운 상태라고 부르지는 않는다.

또한 결정적인 것은 나의 마음이 평안하더라도 또는 나의 가족과 친구들이 행복하더라도 나와 무관한 사람들의 고통을 쉽게 외면하지 못한다는 것이다. 우리가 아프리카 어린이들의 굶주리는 사진을 보고 마음 아파하고 인간을 위해 실험당하는 동물들의 고통스러운 모습에 동물보호를 위해 힘쓰는 것은 내 마음의 평화조차 다른 것에 영향을 받고 있기 때문이다. 물론 도덕적 무관심에 의해 타인의 고통에 무감각한 사람들도 증가하고 있다. 그러나 이런 도덕적 무관심은 결국 자신의 행복조차 인정받을 수 없게 한다.

작년 중국에서 자동차 뺑소니에 치인 아이를 보고도 10명 이상의 사람들이 그냥 지나쳐 크게 문제시된 사건이 있었다. 어떤 이유에서든 도덕적 무관심은 사회 공동체를 위해서뿐만 아니라 자신의 삶도 좋은 삶이기 위한 조건을 버리는 결과에 이르게 된다. 전태일이 만약 자신의 마음의 평화를 위해서만 노력했다면 노동자들이 정당한 대우를 받도록 하는 세상은 그만큼 더디게 시작되었을 것이다. 그때 착취당하는 많은 어린 노동자들을 보고 같이 아파하는 마음이 좋은 세상을 만드는 밑거름이 되지 않았을까? 어쩌면 도덕과 윤리라는 것은 세상 사람들의 도덕적 감수성을 넓히는 작업이라 할 수 있다.

『행복의 철학』에서 공적행복을 찾으려는 김선욱은 이솝우화를 가져온다. 주관주의적 행복은 자신이 진정으로 바라는 것임에도 불구하고 내가 가지기에 너무 멀리 있다면 그것이 좋은 것이 아니라 생각하고 마음 돌리기를 충고할 수 있다. 이솝우화에서 여우가 길을 가다 잘 익은 포도를 발견하고는 그것을 따 먹으려 하지만 키가 닿질 않아 결국 못 먹게 되자, "저 포도는 먹을 수 없는 신포도일 거야"고 스스로에게 말하고 그곳을 떠난다는 이야기이다. 먹어보질 않았기 때문에 신포도인지 달콤한 포도인지 알지 못하지만, 여우는 그것을 시다고 생각함으로써 마음이 편안해지기를 원했을 것이다. 그러나 만약 그 포도가 맛있는 포도라면 내가 마음먹은 것과 상관없이 맛있는 포도는 세상에 객관적으로 존재한다.[10]

사적인 삶에의 몰두를 통한 사적인 행복은 결국 타인과의 삶을 공유함으로써 가지는 공적인 행복을 배제하는 것이다. 그러나 우리는 살아가면서 타인과 함께함으로 가지게 되는 기쁨을 경험한다. 비록 에피쿠로스가 타인과의 관계맺음인 우정을 중요시하지만 이는 결국 사적인 관계에 머물러 있다. 우리가 2002년 월드컵 대회와 2002년과 2008년 촛불집회에서 경험했듯이 공적인 일에 참가하여 타인과 함께 되는 경험은 사적인 행복과는 다른 기쁨을 가지게 한다. 인간은 살면서 자신의

---

10 김선욱, 『행복의 철학』, 도서출판 길, 2011, 18쪽 참조.

내면세계와 자신을 둘러싼 물질적 세계, 타인과의 관계가 이루어지는 상호적 세계라는 3가지 차원의 세계를 만나게 된다. 아리스토텔레스의 행복관이 개인과 세계의 관계에서 노동을 통한 자기실현의 차원에서 얻을 수 있는 행복을 말하고, 에피쿠로스가 개인과 자신 자신과의 관계에서 쾌락을 통한 자기만족의 길을 말했다면, 나와 타인이 맺는 관계에서 또한 행복이 존재하는지 칸트를 통해 알아 볼 것이다.

IV. 칸트의 행복

가슴에 별을 품은 계몽주의자, 칸트[11]

"이 세계 안에서, 아니 더 넓게 이 세계 밖에서도 우리
가 무제한적으로 선하다고 할 수 있는 것은 오직 선의지
뿐이다."

"Es ist gut." "좋구나!" 또는 "그것은 좋다."로 번역될 수 있
는 말이 칸트가 세상에 남긴 마지막 말이다. 행복한 삶이었다
는 말일까? 이것으로 만족한다는 뜻일까? 아니면 단지 기력이
다한 칸트가 포도주와 물을 섞은 음료를 마시고 갈증이 풀리
자 만족스러워 한 말일까?

---

[11] 이 부분은 만프레트 가이어의 『칸트 평전』과 오트프리트 회페의 『임마누엘 칸트』에서 많은 도
움을 받았다.

지난 삶을 돌아보며 죽기 전에 내 삶에 완전히 만족하기란 쉽지 않을 것이다. 죽는 순간까지도 지난 삶의 후회와 아쉬움이 크기에 사람들은 죽음을 연기하고 싶어 할지도 모른다. 죽음은 모든 것을 마감시키기에. 내 삶의 흔적을 완전히 무로 만드는 죽음이 있기에 삶은 의미가 있다. 죽음이 없다면 우리는 삶에서 어떤 의미를 찾으려 노력하지 않을 것이다. 그러나 한편으로 죽음은 결국 삶의 입장에서 의미 부여된다. 죽음은 산 자에게 의미있는 것이다. 이미 죽은 사람에게 죽음은 아무런 의미도 없을 것이다. 그렇다면 사는 사람은 죽음에 앞서 먼저 자신의 삶의 의미를 찾아야 하지 않을까?

내 삶의 목적이 단지 나만의 행복이라면 아리스토텔레스나 에피쿠로스가 전하는 행복의 계명에 따라 일생 노력할 수 있다. 자아실현을 위한 삶에서 또는 죽기 전까지 지속적인 마음의 평정을 얻는 것을 통해 내 삶의 목적인 행복을 찾을 수 있다. 그러나 이 삶은 어차피 어느 순간이 되면 끝나기에 우리는 단순히 내 삶의 목적이 행복일 뿐만 아니라 의미있는 삶이고자 한다. 즉 내 삶이 행복하면서도 동시에 죽음에 앞서서 한 번뿐인 삶이 어떤 의미를 갖기를 바란다. 내 삶에 어떤 의미를 스스로 부여할 수 있을 때만 죽음 앞에 비로소 담담할 수 있지 않을까? 칸트가 말하는 행복은 내 삶의 목적이 어떤 의미가 있을 때 가능하다는 것이다. 우리는 칸트의 말을 통해 행복의 또 다른 의미를 찾아볼 것이다. 그리고 이것은 곧 우리 삶의 세 번째 형식인 관계적 삶에서 행복을 추구하는 것이다.

  1724년에 태어나 1804년 80세의 나이로 죽기까지 칸트의 일생에 특별한 것은 별로 없다. 그의 삶은 겉으로 보기에 너무나 평범했고 단조로웠다. 13세에 어머니가 돌아가신 것 외에 대학교에서 뚜렷한 목표 없이 자연과학, 철학, 수학, 신학, 문학, 언어학 등을 공부하였다. 그 당시 사회적 상황이 급변기였음에도 쾨니히스베르크에서 태어난 그는 죽을 때까지 그 부근을 떠나지 않았다. 그 당시 쾨니히스베르크는 경제적으로 번창한 동프로이센의 수도였다. 독일어권의 북동쪽 경계 지점에 위치한 이 도시는 칸트가 태어나던 해에 세 개의 도시, 알트슈타트, 뢰베니히트, 크나이포프가 하나로 통합되어 형성되었다. 그러나 제2차 세계대전 이후 소련의 부동항에 대한 필요성으로 인해 전쟁에 패한 독일로부터 소련에 편입되었다. 그 후 소련의 영토가 되어 칼리닌그라드로 불러지고 있다. 지금은 러시아 본토로부터 떨어져 있지만 여전히 러시아 소유로 남아 있다. 칸트 생가를 찾는 사람들에게 그렇다면 칸트는 이제 러시아 사람일까?

  어떻든 독일의 정신적 수도인 쾨니히스베르크가 지금은 러시아에 속하게 된 것을 칸트는 예측할 수 없었을 것이다. 또한 그 마을 농부들이 산책하는 칸트를 보고 시간을 알 수 있었듯이 그는 언제나 규칙적이었고 안정적이었다. 그러나 그의 나

● 칸트 묘비 건너편의 옛날 쾨니히스베르크 대학 건물 사진, 1930년

이 57세에 출간된 『순수이성비판』과 그 후 계속 출간된 『실천이성비판』, 『판단력비판』 등은 철학사를 바꾸게 된다.

그의 어머니는 신앙심이 깊었으며 여느 어머니처럼 자식에 대한 애정이 깊었다. 그녀는 죽기 전까지 그의 아들이 경건하면서도 동시에 자유롭기를 원했다. 경건주의는 독일 신교 중에서 17세기에 발생한 종교운동으로 생활을 경건하게 하여 교회의 개혁을 이루려는 운동이다. 그 당시 경건주의에 감화를 받은 칸트의 가정은 칸트의 경건심을 일깨우고자 자주 도시 외곽에 나가 세상의 아름다움과 그 아름다움을 창조한 신을 느끼도록 했다. 어머니가 일찍 죽은 후 홀로 남겨진 아버지가 교육과 가정을 책임지게 되었다. 수공업자인 아버지는 정직하고 성실한 시민으로서 도덕적인 측면에서 자신의 아들을 선하게 교육시키고자 했다.

지금 생각해도 이것은 엄격한 아버지와 자애로운 어머니를 떠올리는 가정환경이다. 인간의 본성은 생물학적 유전자에 따라 크게 결정된다는 주장과 유전자는 형식적인 것이며 본성은 사회와 환경에 따라 좌우된다는 주장의 대립은 아직까지 해결되지 않았으나 교육에 차지하는 부모의 영향은 언제나 무시될 수 없다. 칸트가 조용하면서도 사교적인 성격을 가진 것은 이런 부모의 영향이 있었기 때문일 것이다. 그러나 그렇게 특별하지 않은 당시의 가정환경에서 또한 대철학자가 성장할 수 있었던 것은 칸트 자신의 노력이 가장 큰 부분을 차지할 것이다.

유년기의 칸트는 교외 거수자 병원학교에 다녔고, 여섯 살이 되어 프로이센의 교회법과 학교법의 규정에 따라 프리드릭스 김나지움에 들어갔다. 그가 학교시절에 큰 영향을 받은 인물은 프란츠 알베르트 슐츠와 대학시절 논리학 및 형이상학 원외 교수로 초빙된 마르틴 크누첸이다. 교육상의 강제와 인간의 자유에 대한 욕구를 조절하는 것은 어렵다. 특히 민감한 어린아이에게 어떤 교육이 좋은 것인가를 결정하는 것은 쉽지 않다. 그럼에도 교육기간 만나게 되는 선생님은 한 사람의 인생에 큰 영향을 끼칠 수 있다. 슐츠는 칸트의 천재성을 알아보고 그가 좀 더 나은 교육을 받도록 인도했으며, 크누첸은 그가 본격적으로 철학을 하도록 영향을 끼쳤다. 특히 프리드릭스 김나지움은 엄격한 종교적 규율을 고수하는 곳으로 자유를 갈망하는 아이들은 타율 속에서 자신의 자유를 조절할 수밖에 없었다. 이곳에서 칸트의 관심을 끈 것은 라틴어 수업뿐이었다.

16세에 알베르티나에 있는 쾨니히스베르크대학에 입학한 칸트는 크누첸 교수의 영향 아래서 자연철학에 관심을 기울이게 된다. 대학시절과 가정교사 시절 칸트가 관심을 기울인 주제는 자연철학이었다. 그 당시 철학은 세상에 대한 지식과 신에 대한 연구, 그리고 논리학이 주된 영역이었다.

신과 세계의 관계, 그리고 그 속에서 인간의 위치는 전통적인 철학적 물음의 대상이다. 그 중 세계의 질서와 원리를 탐구하는 분야는 뉴턴과 라이프니찌의 논쟁 등으로 많은 지성인들의 관심사였다. 공간, 시간, 운동이 객관적이고 절대적인지, 그리고 뉴턴이 실제로 전제하고 있는 것처럼 세계가 그 자체로 존재하고 있는지, 아니면 단지 인식 주체의 사유에서 이념적 개념으로서 등장하는 세계가 중요한지에 대한 논쟁이 끊이지 않았다.

칸트 또한 세계의 원리와 법칙 등을 연구하는 자연철학에 매료되었다. 그 당시 뉴턴의 『자연철학의 수학적 원리』는 그에게 가장 큰 영감을 불러일으킨 책이었다. 그러나 그는 자연

세계의 법칙과 수학적 원리 등을 자연과학자들처럼 탐구하는 것이 아니라 그 근원을 탐구하는 방식을 취했다. 자연의 형이상학적 연구를 통해 최초의 의미있는 저작인 『일반 자연사와 천체 이론』이 1755년에 나왔다. 비록 여러 가지 이유로 인해 큰 반향을 얻지 못했지만 여기서 칸트는 뉴턴에서 한 걸음 더 내딛고자 했다. 우주의 근본법칙을 설명하면서 그 최초의 원인을 결국 신에게 넘긴 뉴턴과 달리 칸트는 자연 자체에서 자연법칙의 가능성 근거를 모색했다. 최초에 존재한 것은 혼돈이며 무한한 공간 전체는 근본 질료들로 채워져 있었다. 태초의 카오스에서 질료로부터 인력과 척력에 의해 우주가 형성된 것이다.

이는 우리로 하여금 다시 에피쿠로스를 연상시킨다. 그에 따르면 인간의 평온한 마음을 위해 신은 우리 세계에서 벗어나야 한다. 세계는 단지 허공과 원자들로 구성되며 원자들의 운동과 충돌에 따른 우연적 결합인 것이다. 칸트 또한 물리적 우주의 세계에 대한 설명을 위해 신을 도입하는 것은 모순적인 것으로 생각했다. 감성과 오성, 이성의 능력과 한계를 인식하고 각 대상영역의 한계 또한 논리적으로 설명하고자 하였다.

신이 우리 세계를 창조했으며 얼마만큼 신이 세계와 관계를 맺고 있는가는 언제나 철학자들의 관심사였다. 신이 어느 부분에서 얼마나 필요한가에 따라 인간의 세계에 대한 관점이 변하기 때문이다. 비록 지금은 자연과학적 방법을 통해 세계를 설명하기에 신의 도움이 많이 필요치 않지만 고대 자연철학자들부터 지금까지 세계의 원인과 근본, 자연현상의 원리에 대한 호기심은 계속 이어져 오며, 이는 자연과학의 발전과 더불어 많은 사람들에게 새로운 지식을 주었다. 그리고 이 새로운 지식은 인간과 신의 관계를 재설정하는 데 영향을 준다. 어쩌면 과학의 발전이란 우리 세계에서 신의 영역이 점차 줄어드는 과정일 수 있다.

그와 더불어 철학 또한 이 세상에 필요치 않는 시대가 오지 않을까? 과학의 발전은 철학을 하지 않는 세상을 상상하게 한다. 그러나 미래에는 지금과 또 다른 철학이 생기지 않을까? 우리는 뉴턴을 과학자로, 칸트를 철학자로 배우고 있다. 그러나 그 당시 뉴턴의 책 제목은 『자연철학의 수학적 원리』이고, 칸트의 책 제목은 『일반 자연사와 천체이론』이다. 누가 철학자고 누가 과학자일까? 오늘날 자연과학의 만능 아래 융복합이 강조되는 시기에 학문의 경계는 모호해지고 모든 학문은 스스로 자기의 운명을 개척하는 데 바빠지고 있다.

우주 일반의 대상으로서 세계, 합리적 신학의 주제로서 신, 경험과 합리성의 심리학을 위한 필요조건으로서의 인간의 영혼과 정신은 그 당시 가장 중요한 학문 주제이었다. 지금의 기준에 의하면 신학자와 과학자, 철학자 등 대부분의 학자들이 이 주제에 대한 논쟁에 참여했으며 칸트가 이의 연구를 위해

취한 방향은 결국 철학적 또는 형이상학적 방법이었다. 이 연구는 4가지 물음의 형식으로 나타났으며 이에 대한 답이 곧 세 가지 비판서인 것이다.

> "우리는 무엇을 알 수 있는가?"
> "우리는 무엇을 행해야 하는가?"
> "우리는 무엇을 희망해도 좋은가?"
> "인간이란 무엇인가?"

칸트 이전까지는 연구 대상 자체가 문제시되었다면, 칸트가 이 물음을 통해 밝히고자 한 것은 대상 자체가 아니라 인간 자체의 문제였다. 대상에 대한 명확한 인식과 행위에 대한 분명한 근거는 대상에 있는 것이 아니라 대상을 인식하고 행하는 주체에게 있을 수 있다는 문제의식의 출발이다. 자연법칙과 원리에 대한 탐구는 이 자연을 인식할 수 있는 조건인 인간의 능력에 대한 탐구로 옮겨지며 도덕적 행위의 선과 악에 대한 문제는 이 도덕적 행위를 가능하게 하는 주체의 선의지가 문제이며 대상 자체의 아름다움은 그 아름다움을 느낄 수 있는 주체의 감정이 문제인 것이다. 결국 인간이 문제인 것이다. 영혼의 능력이 세 가지이며, 이를 사유와 의욕(의지)과 느낌(감정)으로 구분할 수 있다면 이로부터 각각 자연에 대한 인식과 도덕적 행위, 아름다움이 가능하게 될 것이다.

인간 이성을 분석함으로써 자연인식의 가능성의 조건과 한계를 설정하고 실천적 행위의 가능성의 조건을 분석하며, 이론이성과 실천이성의 결합과 아름다움의 가능성의 조건을 인간에게서 찾는 것이다. 『순수이성비판』은 인식의 문제를 다루고, 『실천이성비판』은 자유문제를 다루며, 『판단력비판』은 미와 목적의 문제를 다루고 있다. 그리고 이를 통해 결국 칸트는 인간이 무엇인지에 대한 인식에 도달할 수 있기를 기대한다.

독단론자는 "사물과 세계는 우리의 오성으로 파악할 수 있다"고 생각했다. 이에 반해 회의론자는 "사물과 세계는 우리의 오성으로 파악할 수 없다"는 전제로 인해 자신의 판단을 삼가고 있다. 칸트는 독단적 속임수와 회의적 어둠으로 빠지지 않을 안전한 길을 발견하고자 했다. 기존 형이상학의 무의미함을 반성하고 이성 능력에 대한 반성과 비판을 통해 합리적 경험론을 구축하는 새로운 형이상학을 시작한 것이다.

그에게 형이상학의 원리란 세계에 대한 인식, 즉 자연과학적 지식을 가능하게 하는 조건을 탐구하는 것이었다. "나는 무엇을 알 수 있는가"에 대한 대답은 순수 이론이성에 초점을 맞춘 세계인식의 근본 조건들을 해명하는 형이상학을 통해서만 주어질 수 있다. 칸트의 형이상학은 수학적으로 체계화된 자연 인식이 구축될 수 있는 토대를 지향한다. 그리고 그 토대는 경험에 물들지 않은 순수이성에 놓여 있다.

뉴턴이 자연철학의 근거로 설명한 신의 자리에 이제 인식의 주체인 이성이 등장한다. 세계와 신의 관계에서 제삼자였던 인간 주체가 중심역할을 맡게 된다. 그리고 이것은 이성비판을 통해 인식의 한계와 역할, 방법을 지정함으로써 가능하게 된다. 이것이 바로 칸트의 코페르니쿠스적 전회인 것이다. 합리론은 인간 이성의 합리성에 근거해서 자연계의 합리적 측면을 구성한다. 경험론은 우리의 모든 인식은 감각적 경험에서 시작하여 풍부한 내용을 획득할 수 있다고 주장한다.

칸트는 이 둘을 종합해 대상을 파악하는 경험적 측면과 이성의 합리적 측면을 밝힌다. 인식은 대상의 자연과 이를 파악하는 이성의 합리적 측면의 결합인 것이다. 인식이 대상에 따르는 것이 아니라 대상이 우리의 인식에 따라야만 한다. 세계가 질서 잡혀있다는 것은 곧 우리 인식능력의 구조가 그렇다는 것이다. 사물들은 처음에 잡다한 것으로 우리에게 현상된다. 이를 운동하는 것과 크기가 있는 것으로 인식하는 것은 우리의 감성형식인 공간과 시간에 의해서이다. 인간의 감각은 단순한 감각이 아니라 대상을 붙잡을 수 있는 틀로써 시간과 공간을 가진 감각이다. 우리가 외부 대상을 인식한다는 것은 우선 운동을 파악하는 틀인 시간과 크기를 파악하는 틀인 공간에 따라 외부의 대상을 받아들인다는 것이다. 따라서 시간과 공간은 수동적으로 대상을 받아들여 우리에게 인식을 촉발하기 때문에 수동적 인식형식이다.

그러나 우리가 인식한다는 것은 곧 무엇을 무엇이라고 파악할 수 있다는 것이다. 그리고 이는 우리가 대상을 개념으로 그리고 개념으로 파악하는 것은 오성형식인 범주에 의해 가능하게 되는 것이다. 시간, 공간에 따라 파악된 대상을 개념으로 구성하는 것은 12개의 오성범주에 의해 가능하게 된다. 우리 오성의 선험적 형식인 범주, 즉 양, 질, 관계, 양태 등에 따라 대상은 무엇으로 인식된다.

1781년 칸트 나이 57세에 등장한 『순수이성비판』은 1770년 쾨니히스베르크대학에서 논리학과 형이상학의 정교수가 된 칸트가 10여 년에 걸쳐 이룩한 결과이다. 자연의 원리와 근원에 대한 관심에서 그 원리와 근원을 인식하는 주체에 대한 물음으로 옮겨가 결국 인간을 문제시한 것은 소크라테스가 말한 인간 자신의 한계에 대한 물음, '너 자신을 알라'가 본격적으로 시작된 것이다.

순수이성 비판을 통해 비로소 이론이성의 자율성을 확보했다면 이제 물음은 한계를 넘어선 곳에 위치한다. 이론이성의 자율성은 세계 안에 위치한 것이다. 칸트가 이론이성의 한계를 세계인식에 제한했다면 이제 비물질적 존재, 영혼과 신은 어떻게 되는가? 세계의 질서, 자연의 필연성과 대치되는 인간의 자유는 어떻게 설명할 수 있는가? 인간 행위의 영역에서 자유가 필수적이라면 이성은 이제 한계를 넘어 확대되어야 한다. 실천이성은 세계의 인식에 제한된 이론이성을 넘어 자유를 요청하게 된다.

　1785년 도덕철학의 주요저작인 『윤리형이상학의 정초』가 3년 뒤에 『실천이성비판』이 따라 나온다. 칸트 말년에 나온 『도덕형이상학』과 함께 칸트 도덕철학의 가장 기본적인 내용을 담고 있는 이 두 권은 오늘날에도 윤리학 수업의 주요한 교재들이다.

　결국 세계를 명확하게 인식하여 그 질서와 원리를 알 수 있다는 이론이성과 올바른 행위를 위한 법칙을 인식할 수 있는 실천이성의 영역을 확보한다는 것은 유럽 계몽주의의 완성을 의미한다. "너 자신의 오성을 너 스스로 사용하는 용기를 가져라!"

　계몽주의는 인간 스스로의 판단과 결정을 통해 오류와 편견을 계속적으로 제거할 수 있으며, 인간 이성에 대한 믿음에 근거하여 이성을 방해하는 모든 것들로부터의 점진적 해방을 목적으로 한다. 칸트에게는 이런 계몽주의의 기획이 독단과 회의론적 철학에 대한 비판과 이성의 궁극적 근거의 발견으로 귀결된다. 이런 비판과 발견의 원리는 이성에 대한 신뢰에 근거한 자기입법으로서의 자유에 있다. 이성의 한계와 범위를 밝히는 것이 다시 이성을 신뢰하는 근거로 작용하는 것이다.

　생성, 변화하는 세계에서의 참된 앎, 우연적인 행위와 규칙들에서 필연적인 도덕적 행위의 가능성을 탐구하는 것이 칸트의 목적이었기에 이는 인간의 보편적이고 최고의 능력인 이성

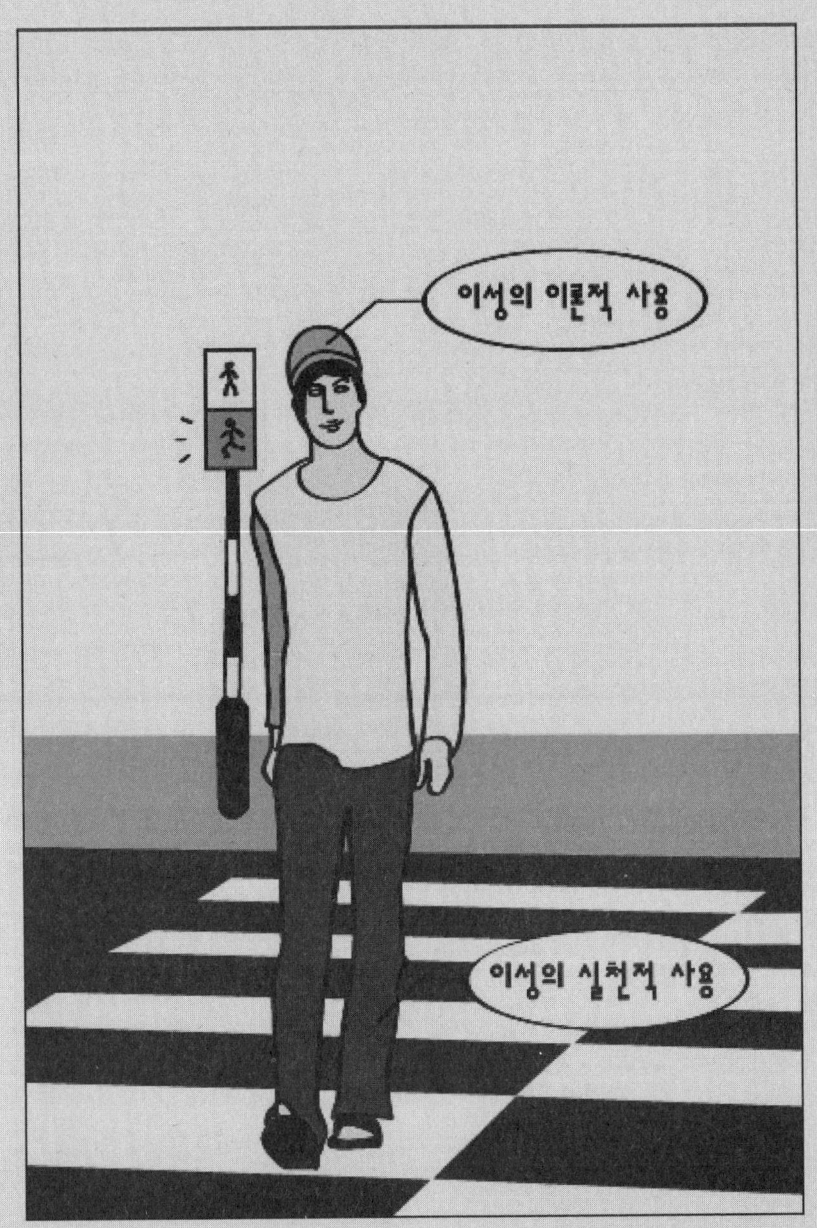

이성의 이론적 사용
이성의 실천적 사용

에 의해서만 가능하였다. 따라서 경험에 독립한 순수 이론이
성과 순수 실천이성에 대한 비판을 통해 참된 인식과 보편적
인 도덕법칙을 정초하고자 했다.

키도 작고 몸무게도 얼마 나가지 않아 곧 죽을 운명이라고
생각됐던 칸트는 철저한 자기관리로 늦은 나이까지 책을 저술
한다. 그가 매일하던 산책을 보고 사람들이 시간을 알았다는
것은 유명한 일화이다. 또한 사교적이어서 친구들과의 대화와
요리를 좋아해 매주 친구와 동네 사람들을 초대해 이야기를
즐겼다. 살던 곳을 평생 벗어나지 않았던 칸트가 세계에 대한
폭 넓은 지식을 가졌던 것은 책과 다양한 사람과의 대화를 통
해서일 것이다.

1803년 10월 그는 생애 처음으로 중병에 걸렸으며, 넉 달 후
인 1804년 2월 12일 오전 11시 경 죽었다. 그의 묘비에는 『실
천이성비판』의 유명한 구절이 쓰여 있다.

> "내 마음을 늘 새롭고 더 한층 감탄과 경외심으로 가득
> 채우는 두 가지가 있다. 그것은 내 위에 있는 별이 빛나는
> 하늘과 내 마음 속에 있는 도덕법칙이다."

의무와 행복

다시 긍정심리학으로 돌아가 보자. 마틴 셀리그만은 쾌락적인 삶은 오로지 긍정적 정서를 되도록 많이 느끼는 데 열중하는 것이며, 행복한 삶은 자신의 대표 강점을 잘 발휘하여 참되고 풍요한 만족을 얻는 데 열중하는 것이라 말한다. 우리는 이를 에피쿠로스의 삶과 아리스토텔레스의 행복관과 비교하여 설명하였다. 그렇다면 이제 무엇이 또 필요한가? 아직 남은 것이 있는가? 우리 삶의 3가지 방식 중 관계적 측면에서 행복은 도출될 수 없을까? 지금 서점에 가보면 행복에 관한 여러 가지 책에서 다음의 제목들을 볼 수 있다. "내면의 힘을 가꾸어라", "성공하기 위한 10가지 계명", 마지막으로 "관계적 삶을 중요시해라!" 처음과 두 번째의 책을 대변하는 것이 에피쿠로스와 아리스토텔레스라면 마지막 세 번째 계명은 칸트의 철학에서 뿌리를 찾을 수 있다. 셀리그만 또한 행복한 삶이 되기 위해서는 의미있는 삶이 되어야 한다고 말한다. 이때 의미있는 삶이란 자신의 대표 강점을 자신의 존재보다 더 큰 무엇에 이바지할 때 생겨난다. 그에 따르면 이 세 가지 모두를 아우를 때 인간은 진정한 삶을 누리는 것이다.[12]

그렇다면 행복을 구성하는 의미있는 삶이란 무엇일까? 의미

---

[12] 마틴 셀리그만, 김인자 역, 『긍정심리학』, 물푸레, 2004, 361쪽 참조.

있는 삶이란 자신의 자아실현이 곧 만인의 선을 위한 삶을 말하는 것인가? 자신의 존재보다 더 큰 무엇에 이바지하는 것이 의미있다는 것은 나의 꿈이 곧 다른 사람들에게도 중요하게 생각된다는 것이다. 만약 나의 꿈이 나에게만 중요하다면 그 꿈을 이루는 나의 삶은 나에게만 의미있을 것이다. 그러나 만약 나의 꿈이 다른 사람과의 관계에서 형성되고 나뿐만 아니라 다른 사람한테조차도 중요한 것이라면, 또는 다른 사람들을 고려한 꿈이라면 그 꿈의 실현은 앞의 것보다 훨씬 더 의미있을 것이다. 이런 의미에서 단지 개인들 각자가 하고 싶은 것, 경향성을 충족시키는 행복은 보편적인 도덕적 내용을 가질 수 없기에 최고선에 조화될 수 없다는 칸트의 행복관은 행복을 찾는 우리에게 마지막 조언이 될 것이다.

칸트 이전의 윤리학과 칸트 이후의 윤리학이 다르나는 생각이 들 정도로 칸트는 윤리학에서도 어떤 코페르니쿠스적 전회를 시도한다. 그리고 그 방식은 이론영역에서 보편타당성과 필연성을 가능하게 하는 조건을 탐구하듯이 실천영역에서도 동일한 방법이 수행된다. 즉 실천이성비판이란 것은 도덕적 행위가 어떻게 가능한가를 탐구하는 작업인 것이다. 그래서 최초의 주요한 윤리학 저술의 명칭이 '도덕(윤리)형이상학의 정초'일 수밖에 없었다.

칸트 이전의 윤리학은 윤리, 도덕의 가능근거를 찾는 작업일 수 없었다. 자연의 질서나 공동체의 선, 행복 추구나 신의 의지에서 도출되는 도덕규범은 이 질서에 따르는 방식이거나 좋은 삶을 위한 수단이었다. 우리가 선하게 살아야 하는 이유는 자연의 질서를 모방하여 좀 더 완전한 존재로 나아가기 위해서거나 선을 통해서만 행복할 수 있기 때문이다. 또는 신은 완전한 선이기에 신의 신성한 의지에 따르는 것이 바로 행복이자 도덕인 것이다.

칸트에 따르면 도덕성을 정초하려는 노력은 고대 이래 수없이 변화된 모습으로 그리고 통속적으로 전개되었다. 즉 그러한 노력은 완전성이나 행복, 선한 감정 또는 엄격한 신의 공경, 사회적으로 결합할 수 있는 법칙 혹은 타고난 자연적 경향성 등을 가지고 시도된 것이다. 그러나 이 모든 것은 도덕적 명제, 도덕적 명령의 근거를 세우지 않은 채 명확성을 결여하여 혼돈만 불러일으켰다.

예전에는 행복과 도덕은 일치하였다. '공부를 열심히 해라!', '어른을 공경해라!'는 것은 일종의 좋은 삶, 즉 행복하기 위한 계명이었으며 따라서 도덕의 내용을 이루는 것이었다. 그러나 도덕적 명제나 행위의 정당성을 이런 방식에서는 확보할 수 없다. 왜냐하면 도덕적 언명의 특징은 당위에 있으며 이 당위는 보편타당할 경우에만 가능하다. 도덕적 현상을 자세히 관찰해보면 도덕은 오직 특수한 종류의 당위와 강제의 의식에서 나타난다는 것을 알게 된다. '거짓말을 하지 마라!', 약속을 지켜라!’ 등과 같은 당위는 모든 사람에게 적용될 수 있는 명령이다. 즉 사람마다 다를 수 있는 가치를 말하는 것이 아니라 도덕적 명제는 모든 사람에게 적용가능하고 따라서 보편타당해야만 한다. 그러나 ‘공부 열심히 해라’는 명제는 모든 어린이에게 타당한 것이 아니다. 어떤 어린이에게는 음악이나 체육이 나은 것일 수 있고 다른 문화에서는 다른 가치가 중요할 수 있다. 이런 종류의 명제는 좋은 삶이 무엇이냐에 따라 문화와 사람마다 달라지며 따라서 보편타당한 것이 아니라 한 부분에만 적용되는 것이다. 이에 따라 이제 칸트는 행복이나 좋은 삶이 무엇인가에 대한 영역과 다른 도덕적 영역이 존재한다고 말하며 이런 도덕적 명제가 어떻게 가능하며 정당화될 수 있을지를 탐구하고자 하는 것이다. 그리고 이는 모든 인간이 가지고 있는 이성적 능력에 대한 분석에서 출발한다.

‘인간의 이성은 하나이지만 인식과 관련하여 감관을 넘어서 우리가 사용하는 이성이 이성의 이론적 사용이며, 행위와 관련하여 감관을 넘어서는 것이 이성의 실천적 사용이다. 실천이성은 감성적 규정근거들, 충동, 욕구와 열정, 쾌와 불쾌의 감각과 독립하여 행위를 선택하는 능력을 의미한다.’[13]

이 실천이성은 행위자들이 어떤 것이 좋은지 또는 옳은지를

---

[13] 오트프리트 회페, 이상헌 역, 『임마누엘 칸트』, 문예출판사, 1997, 205쪽 참조.

판단하여 행위하는 능력이다. 도덕법칙의 표상에 따라서 행위하는 능력은 또한 의지라고 불리므로 실천이성은 의욕하는 능력이다. 행위를 결정하는 도덕적 판단주체라는 의미에서 실천이성이며, 결단과 행위주체라는 의미에서 의지이다. 의지는 도덕적인 것과 비도덕적인 것 사이에서 갈등하고 고려하다가 결단을 하고 행위를 수행한다. 그런데 의지는 감각적 규정근거에 의존하거나 그것과 독립해 있는 의지로 구분할 수 있다. 우리는 더울 때 아이스크림을 보고 먹고 싶어 한다.

경험적으로 규정된 실천이성이 외부로부터, 즉 본능과 욕구, 습관과 열정으로부터 외적으로 규정을 받는 반면에, 순수한 실천이성은 모든 경험적 조건들과 독립하여 전적으로 자기 규정적이다. 내적인 충동이나 외부의 자극에 따른 행동은 결국 필연적으로 생겨나는 결과이다. 그 원인에 따른 결과일 뿐이다. 이런 의미에서의 행동은 진정한 자유로운 행동이 아니다. 내적인 충동이나 외적인 충동으로부터 자유로운 행위만이 도덕적 행위일 수 있다. 왜냐하면 도덕적 행위는 자유를 기반해서만 가능하기 때문이다.

도덕적 행위를 근거짓기 위해서는 인간이 자유롭다는 생각이 필수적이다. 만약 나의 행위가 나의 자유의지에서 발생한 것이 아니라면 내 행위를 책임질 필요가 없을 것이다. 따라서 칸트는 먼저 인간의 자유를 증명하기 위해 노력한다. 『순수이

성비판』에서 먼저 칸트는 자유를 초월적 자유와 실천적 자유
로 구분한다.

초월적 자유(die transzendentale Freiheit)는 현상세계의 보편적
인 인과법칙에 직면할 때 위험에 처한다. 현상세계는 끊임없
는 인과관계에 의해 필연적인 법칙에 종속되어 있다. 그러나
이 인과관계는 절대적인 자발적인 최초의 원인에 의해 시작되
어야 한다. 즉 최초의 자발적인 시초가 있어야 한다. 현상계의
필연적인 인과관계와 자발적인 시초가 있어야 한다는 것은 일
종의 모순이다. 이 이율배반에 직면하여 칸트는 둘 다를 긍정
하는 것으로 문제를 해결하고자 한다. 이율배반이란 것은 모
순된 두 관계가 한 쪽이 긍정됨에도 불구하고 다른 쪽이 부정
될 수 없는 것을 말한다. 그리고 칸트는 형이상학적 두 가지
세계를 가정함으로써 이 모순을 해결한다. 자연의 인과관계는
물리적 현상의 영역에서 타당하며 조월석 사유는 물자체의 영
역에서 타당하다는 것이다. 물자체는 사물들이 우리 감각에
의해 파악되도록 유발하는 사물 자체를 말한다. 그러나 우리
의 인식은 이미 우리 인간의 감각기관에 제한되어 있기에 이
를 파악할 수는 없다. 사물은 우리의 감각기관에 파악된 방식
으로만 현상할 뿐이다. 우리가 보는 세상과 물고기가 보는 세
상은 다를 것이다. 초월적 자유는 자연법칙에 따르는 현상의
인과관계를 스스로 시작할 수 있는 원인의 절대적 자발성으로
물자체의 영역에서 가능하다. 스스로 시작할 수 있다는 의미

에서 이 자유는 적극적 의미를 띤다고 할 수 있다.

이 자유개념이 인간에게 적용될 때 실천적 자유개념이 등장한다. 지금 우리에게 문제시되는 것은 인간 행위가 자유롭다는 생각에 대한 증명이다. 그러나 우리는 먹고 싶을 때 먹어야 하고 무언가를 욕구할 때 해야 한다는 측면에서 자유라고 이야기하기 어려워진다. 이것은 자유라기보다는 본성과 욕구에 따른 필연적 행동인 것이다. 따라서 칸트는 실천적 자유를 말하기 위해 초월적 자유에서처럼 두 가지 세계를 구분하여 설명한다. 그러나 초월적 자유가 선험적 이념으로서 우리가 상정하게 되는 것과는 달리 실천적 자유는 경험에 의해 우리에게 알려질 수 있다.

인간은 감성적이면서 동시에 이성적이다. 그러므로 인간에 대한 대표적 정의 중 하나가 인간은 이성적 동물이라는 것이다. 칸트에 따르면 인간은 감성적이면서 동시에 이성적인데, 인간이 감성의 원인에 의해 자극받아 행동할 때 인간의 행위는 필연적이지만, 이성의 작용에 의해 행위동기가 이루어질 때 인간은 자유롭다. 따라서 실천적 자유는 감성적 충동을 통한 필연으로부터 독립된 의지이다. 즉 자유는 감성과 경향성의 필연성으로부터 독립된 것으로 생각된다. 내가 외부의 자극에 따른 감정이나 충동에 따라 행동할 때 이는 원인에 따른 필연적인 행동이다. 이는 그 원인에 따른 결과적 행동인 것이다. 경향성이란 마음의 자연스러운 기울어짐, 이끌림을 뜻한다.

그러나 이런 행동은 결코 자유로운 행동이라고 할 수 없다. 결국 자유에 기반한 도덕적 행위는 행위를 일으키는 의지가 감정이나 경향성에 규정받지 않고 그것을 억눌러 자기 스스로의 결단에 의해 행동하는 데 있다. 즉 이성에 의해 행동할 때만 인간은 실천적으로 자유롭다고 칸트는 말한다.

인간 행위의 동기가 무엇인지를 정확히 말하기는 쉽지 않다. 인간이 본성상 이기적인가 이타적인가는 중요하지 않다. 자신의 행동이 이기적 욕구에서 나왔는지 이타적 배려에서 나왔는지는 자신만이 가장 확실히 알 수 있다. 중요한 것은 이기심의 욕구를 누르고 어느 정도 자신의 마음을 이타적 배려로 만들 수 있을지 하는 것이다. 그리고 그것의 기원은 우리의 이성이 가지는 힘에 달려 있는 것이다.

칸트가 생각하는 것은 인간을 시공간적으로 제약된 경험적 자아라는 측면에서 보면 인간은 인과필연성에 의해 지배받으며 자기이익과 행복을 추구하는 이기적 존재이지만, 그런 인과필연성의 현상을 넘어서는 자유의 초월적 자아라는 측면에서 보면 보편적인 관점에서 사유하고 판단하는 도덕적 주체인 것이다.

우리는 지금 스스로를 아마 자유롭다고 생각할 것이다. 이미 자유는 현대 사회에서 침해당할 수 없는 인간의 기본적인 권리로 인정받고 있다. 역사는 신으로부터 사회로부터 개인의

자유를 실현하고 확대하는 과정이라고 할 수 있다. 그러나 오늘날의 나의 행동이 필연의 연쇄물의 결과라면? 나는 공부를 열심히 해야 한다. 왜? 좋은 대학에 들어가기 위해서. 대학교에서 학점을 관리하며 스펙을 쌓기 위해 봉사활동이나 동아리 활동을 하고 여러 자격증을 취득한다. 왜? 좋은 직장에 들어가기 위해서. 들어간 후에도 자기 계발을 위해 계속 노력한다. 왜? 좀 더 편하게 일하면서 더 많은 돈을 벌기 위해. 왜? 그래야만 사고 싶은 것을 사고 행복할 수 있으니. 이런 나의 행동을 선택하는 판단과 결정은 과연 자유로운 것인가? 나의 행동이 자본주의 사회논리에 따라 결정된 것이라면 나의 행동은

과연 자유롭다고 말할 수 있는가?

　최근에 논쟁이 되고 있는 자유개념은 적극적 자유와 소극적 자유이다. 우리가 지향해야 할 자유가 적극적 자유냐 소극적 자유냐에 따라 공동체주의자와 자유주의자간에 논쟁이 발생하고 있다. 소극적 자유는 보통 무엇으로부터의 자유로 정의될 수 있으며, 적극적 자유는 무엇을 할 수 있는 자유를 의미한다. 자유주의자들에 따르면 인간의 기본적인 권리로서의 자유는 항상 무엇으로부터의 자유를 의미해야 한다. 권력, 강제로부터의 자유가 진정한 자유이며 무엇을 할 수 있는 자유는 결국 타인을 강제하게 되어 전체주의로 흐를 가능성이 있다는 것이다. 이에 반해 공동체주의자들은 무엇으로부터의 자유는 인간에게 실질적인 자유를 주지 못한다고 비판한다. 지금 우리나라에서 우리 모두는 능력에 따라 어떤 고등학교나 대학교에도 들어갈 수 있는 자유가 있다. 그러나 만약 능력이 있더라도 가난하다면 등록금이 비싼 고등학교나 대학교에는 갈 수가 없다. 실질적 자유란 무엇으로부터의 자유뿐만 아니라 실제로 능력에 따라 무엇을 할 수 있는 기회가 공정하게 주어질 때 가능하다는 것이다.

　내적인 필연성이나 외적인 필연성에 따르지 않은 자유로운 의지가 도덕적 의지로서 바로 선의지이다. 칸트는 『윤리형이상학의 정초』 본문 첫 번째 문장에서 '이 세상에는 오직 선의지만이 제한 없이 선하다'고 선언한다. 제한 없이 선하다는 것은 곧 무조건적으로 선하다는 말이다. 의지를 규정하는 어떤 이유 없이, 즉 어떤 경향성이나 욕구, 목적에 따라 선하다는 것이 아니라 절대적으로 선하다는 것이다. 아리스토텔레스의 행복관에서 보았듯이 그에 따르면 지성이나 재기, 판단력 같은 정신의 재능들은 행복을 이루기 위한 중요한 요소들이다. 우리는 행복하기 위해 이런 정신적 재능들을 탁월하게 하여 선을 획득하고 행복할 수 있다. 그러나 사람이 아무리 머리가 좋고 아는 것이 많으며 자기 일을 탁월하게 잘 하더라도 그의 의지가 타락해 있을 경우 우리는 그를 도덕적이라고 말하지 않는다. 또한 그가 비도덕적인 것에 그의 재능을 사용할 경우 그 자신은 만족할 수 있을지라도 우리는 그를 행복한 사람이라고 판단하기를 꺼리게 된다.

또한 탁월함의 척도는 대개 일의 결과에서 판단하게 된다. 바이올린 연주자가 바이올린을 잘 켤 때 그의 탁월함이 있는 것이다. 우리가 절제나 용기, 정의에 따라 행동할 때도 그것이 탁월한가 아닌가는 사회적 관례에 따라 판단된다. 그리고 대개 이 판단은 그 일의 결과적 성취에 따라 판단된다. 그렇다면 만약 어떤 일을 잘 하지 못하는 사람은 그의 재능을 탁월하게 발전시키지 못한 것이고 그렇다면 아리스토텔레스의 정의에 따라 그는 행복하다고 말할 수 없을 것이다. 그러나 의지에 따라 도덕적, 비도덕적 내용이 판단된다면 재능이 부족하여 유익한 일을 하지 못하더라도 그의 마음속에 선한 의지가 있을 때 우리는 그를 도덕적이라고 판단할 수 있을 것이다. 그렇다면 그에게는 행복할 수 있는 가능성이 아직 남아 있다.

플라톤 『국가론』 제2권에서 등장하는 기게스의 신화를 피터 싱어는 『이렇게 살아가도 괜찮은가』에서 다시 다루고 있다. '어느 한 목동이 산 속 동굴 안에서 우연히 반지 하나를 발견한다. 이 반지는 신비한 것으로서 이것을 낀 사람은 다른 사람에게는 보이지 않는 투명인간이 된다. 이것을 알게 된 목동은 자신이 반지를 끼고 있는 한 자신의 행위가 타인에게 드러나지 않고 따라서 그 행위에 대한 어떠한 외적 평가나 처벌을 받게 될 리가 없다는 사실을 깨닫고 무엇이든지 마음대로 행하게 된다. 그는 슬며시 궁궐로 늘어가 왕비를 범하고 다시 왕비와 결탁하여 왕을 살해하고 결국 나라까지 제 손에 넣고 만다.'

만약 결과적으로만 판단할 때 목동이 그 나라를 잘 다스렸다면 목동의 행위는 나쁘지 않다고 말할 수도 있을 것이다. 그러나 우리는 목동의 행위를 도덕적이라고 쉽게 말하진 못한다. 왜냐하면 우리가 도덕적이라고 판단할 때 고려하는 것은 어떤 사람의 행위에 대한 결과뿐만 아니라 의도까지 포함하기 때문이다. 따라서 의도가 좋고 결과가 나쁠 경우에도 쉽게 비도덕적이라고 말하진 않는다.

칸트에 따르면 선하고자 하는 의지만이, 즉 도덕적이고자 하는 의지만이 어떤 제약에 복종하지 않고 선한 것이다. 도덕적이고자 하는 의지, 이 의지만이 또한 자유로운 인간이라 할 수 있다. 인간이 자유롭고자 하는 의지, 그것이 선의지이며 도덕적으로 살고자 하는 의지이다. 그리고 도덕적이기 위해서는 결국 의무에 따른다는 의미일 것이다. 도덕적 명제는 당위명제로 구성되며 이 당위를 우리는 의무로 가진다. 그리고 의무가 의무로 되기 위해서는 하나의 방법밖에는 없다. 모든 사람들이 그것을 의무로 인정할 경우에만 의무는 의무로 인정될 수 있다. 초록 신호등에 사람이나 차가 갈 수 있다는 것을 어떤 사람들은 인정하고 어떤 사람들은 인정하지 않는다면 이것은 결코 당위나 의무로 인정될 수 없을 것이다. 모든 사람들이 의무로 인정할 때, 즉 보편타당성을 확보할 때만이 도덕적 의무로 될 수 있다. 그럴 때 의무는 구속력을 가진다.

따라서 도덕적으로 살고자 하는 선의지는 보편적인 법칙에 따른 의무에 따라 살고자 하는 의지이다. 자신의 의무가 보편적 법칙에 맞는지 아닌지를 비추어보는 방법이 곧 정언명법에 맞추어보는 것이다. 정언명법을 가장 짧게 표현하면 다음과 같다. "도덕적으로 행위하라!" 즉 선의지는 도덕적이고자 할 때만이 선한 것이다. 그리고 그것이 도덕적이기 위해 보편타당해야 한다. 따라서 정언명법의 기본형식은 다음과 같다.

"너의 준칙이 보편적인 법칙이 되도록 네가 동시에 의
욕할 수 있게 하는, 그러한 준칙에 따라서만 행위하라."

여기서 준칙이란 각 개인이 가지고 있는 주관적인 행위규칙
을 말한다. 일상생활에서 우리는 일반적으로 습관에 따라 또
는 반복적 행위에 따라 행동한다. 나는 '초록불일 때 길을 건
넌다.', '친구들에게 거짓말을 하지 않는다.' '남의 어려운 상황
을 보고 돕는다.' 등의 준칙을 가지고 있다. 정언명법은 자신
의 준칙이 도덕적이기 위한, 즉 보편타당하기 위한 법칙이다.
자신의 준칙이 도덕적인가를 판단하기 위해 우리는 이 정언명
법에 따라 검사해 보면 되는 것이다. 모든 개인들의 도덕원칙
을 검사하는 이 최상위의 도덕법칙인 정언명법이 곧 칸트의
도덕법칙이자 실천법칙이다.

이 정언명법이 어떻게 가능한가를 탐구한 것이 바로 실천이
성비판이다. 정언명법이 가능해야만 도덕적 행위나 판단이 정
당화될 수 있다. 칸트는 정언명법의 가능근거를 의지에서 찾
고 있다. 인간의 행위를 일으키는 것은 의지이며 이 의지가 어
떻게 도덕적으로 행동할 수 있는가를 연구한 것이다.
칸트에 따르면 의지는 내용과 형식으로 구분될 수 있다. 의

지의 내용은 의지가 지향하는 것이다. 즉 현실에서 의지가 욕구하는 대상인 것이다. 각자가 욕구하는 대상인 의지의 내용은 각자가 원하는 바에 따라 상이할 수밖에 없다. 행복을 원하는 사람도 어떤 사람은 돈을 추구하며 어떤 사람은 건강을 추구한다. 건강을 원하는 사람도 어떤 사람은 헬스를 하며 어떤 사람은 수영을 할 수 있다. 이렇게 의지의 내용을 자신의 의지를 규정하는 근거로 삼을 경우, 그렇게 얻어진 의지규정의 규칙은 사람마다 서로 다를 수밖에 없다. 따라서 우리는 이로부터 도덕규칙을 도출할 수가 없다. 도덕규칙이 되기 위해서는 보편적으로 적용되어나 하나 사람마다 다를 경우 보편타당한 규칙을 얻어내는 것은 불가능하기 때문이다. 즉 인간이 무엇을 지향하고 무엇을 욕구하는가의 구체적 내용으로부터 모든 인간에게 타당한 보편적 규칙을 얻어내는 것은 불가능하다.

따라서 칸트는 도덕규칙이 되기 위해서는 의지의 형식에 초점을 맞추어야 한다고 말한다. 어떤 의지의 내용을 가지든 상관없이 의지가 어떤 형식에 따를 때 그것은 보편타당할 수 있다. 즉 의지의 내용을 보편타당하게 정식화할 수 있는 형식이 중요한 것이다. 의지의 형식이란 다른 것이 아니다. 그냥 나의 의지를 도덕적으로 될 수 있게 만드는 것. 바로 자신의 규칙이 모든 인간이 따를 수 있는 보편화가능성을 갖고 있으면, 그런 규칙은 도덕적인 것으로 판단될 수 있다. 정언명법은 규칙들을 보편화 가능하도록 만드는 최상의 법칙인 것이다.

또한 이 정언명법은 자신의 규칙이 도덕적인지 아닌지를 판단할 수 있게 한다. 우리는 보편화 가능한 규칙만을 도덕법칙으로 인정할 수 있다. 도덕적 상황에서 어려운 것은 나의 행동 준칙이 과연 정당한가이다. 소크라테스의 비극은 자신의 준칙과 국가의 법을 따라야 하는 준칙이 부딪히기 때문에 발생했다. 보편적 진리를 찾는 소크라테스의 요구와 시대와 지역에 제한된 국가의 법이 충돌할 때 소크라테스의 아이러니가 발생한다. 아이러니일 수밖에 없는 것은 두 원칙 모두 각각의 정당성을 가지기 때문이다. 샤르트르가 말하는 상황도 이와 유사하다. 2차 세계대전에서 독일에 점령된 프랑스의 청년이 레지스탕스에 가입해야 할 지 집에 남아 병든 어머니를 간호해야 할지 서로 다른 규칙이 충돌할 때 도덕적 갈등은 심화된다.

이때 칸트의 대답은 우리가 어떤 행위를 할 때, 그 행위가 옳은지 그른지를 판단하기 위해 우리는 자기 자신과 동일한 상황에서 다른 모든 사람들이 나와 똑같이 행동하기를 나 자신이 기꺼이 바랄 수 있는지를 물어보는 것이다. 물론 모든 사람들에게 일일이 물어보는 것은 필요하지도 않고 가능하지도 않다. 나의 의지가 선을 원하는지, 모든 사람들이 그것을 바라는지에 대한 답은 자신에게 이미 존재한다. 문제는 나의 준칙이 그 상황에서 보편적으로 적용되더라도 아무런 문제가 없겠는가 하는 것이다. '나만 아니면 돼!', 또는 나에게만 그럴 수 있어!' 라는 생각은 이미 나의 의지가 정언명법을 외면하는 것이다.

선의지는 바로 자신의 의지를 이렇게 보편타당한 형식으로 맞추는 것이다. 즉 의지가 도덕법칙에 따라 행위하고자 하는 것이 바로 선의지인 것이다. 의지의 내용 또는 의지의 대상이 자신이 원하는 것으로 자신에게만 쾌락이나 행복을 주는 것이라면 이것은 그 자체 도덕적일 수 없고 선의지일 수 없다.

기부천사라는 김장훈을 이야기할 수 있을 것이다. 우리는 누구의 의지를 쉽게 확인하지 못한다. 그러나 끊임없이 기부하는 김장훈을 보며 우리는 그의 의지와 의도가 선한 것임을 추측한다. 그러나 만약 어떤 사람이 도덕적으로 지탄받을 수 있는 행동을 하고 그 다음 기부했다는 기사를 본다면 그의 의도를 의심할 수 있을 것이다. 비난을 희석시키고 자신의 행복을 위해 기부한 것은 아닐까하고 말이다. 칸트에 따르면 타인에게 친절을 베풀거나 도와주려는 행위는 도덕적 의무이다. 그렇지만 타인을 도와주거나 어떤 사람에게 친절을 베풀면 기분이 좋거나 기쁨을 느끼며 더 나아가 자신의 이익을 위해 도와주거나 친절을 베푼다면 그와 같은 행동은 도덕적 가치를 가지지 못한다.

도덕적으로 행위하고자 하는 선의지를 자신의 의지로 만드는 것이 바로 자유의 최상의 단계인 자율성이다. 자신이 욕구하는 대상으로부터 벗어나는 것. 이것이 칸트가 의미하는 실천적 자유이며 이 자유에서 한 걸음 더 나아가 도덕적으로 행동하고자 하는 것, 즉 나의 의지를 도덕법칙에 따라, 선에 따라 살고자 하는 것. 이것이 바로 의지의 자율성인 것이다. 도덕법칙만이 나의 의지를 규정하도록 하는 것. 의지가 그것이 지향하는 대상인 경험적 내용에 의해 완전히 규정되지는 않고 자유로울 수 있다는 것은 인간이 단지 자신의 이익만을 계산하는 이기적 존재가 아니라 모든 사람의 관점에서 자신의 의지를 반성할 수 있다는 의미일 것이다.

그러나 인간이 복잡한 현실적 상황에서 스스로 자유롭기 위해 선의지에 따라 행동한다는 것은 말처럼 쉬운 일이 아니다. 우리는 끊임없이 나의 감각과 열정, 충동에 의해 지배되며 욕구를 만족시키려는 경향성에 지배된다. 인간은 여타 나른 동물과 마찬가지로 식욕과 성욕을 가지며 이를 충족시킴으로써 자신과 자기 종족을 보존하고자 하며 본능적으로 욕구충족과 쾌락을 좇는 존재이다. 근대 철학자 중 한 명인 홉스는 이런 인간의 자기보존 욕구와 이기적 본성을 인정하고 이를 보장하기 위한 사회제도를 어떻게 만들 수 있는가를 연구했다. 그에 따르면 개인은 이기심에 따른 개인 간의 끊임없는 투쟁 속에서 자기이익을 보존하기 위해 서로 계약을 체결하여 국가를 만든다. 국가는 개인의 힘을 월등히 넘어서는 강력한 권력을 기반으로 개인 간의 충돌을 조절하고 평화를 유지할 수 있다. 자연 상태에서는 어떤 힘센 사람도 시간이 지나면 그 힘은 줄어든다. 그러면 다른 사람이 그를 굴복시키고 권력을 획득한다. 사자의 무리와 같은 이런 자연 상태에서는 결코 안정적으로 자신의 이익을 추구할 수 없다. 따라서 인간은 자신의 권리 일부를 조금씩 양보하여 거대한 권력을 만들고 이 권력으로부터 자기의 이익을 보장받고자 해야 한다는 것이다.

프로이트가 인간의 내면을 분석하여 결론에 도달한 것도 성욕과 자기보존에 대한 욕구가 인간에게 가장 근본적이라는 것이다. 이것이 사회의 관습과 법에 의해 억눌려짐으로써 무의식화 되고 억압될 뿐이라는 것이다. 도덕이라고 찬양을 받는 행위란 금지된 것을 어기는 것에 대해 가해지는 초자아로부터의 억압과 질책에 대한 무의식적 위장 즉 가장된 행위일 뿐이다. 인간의 선천적이고 독립적이며 본능적인 기질은 자기 보존적 특성, 즉 공격적 성향뿐이며, 도덕은 충동적 삶의 욕망과 사회적 조건의 관계 속에서 발달된 사회형성물일 뿐이다.

칸트에 의하면 도덕적으로 행동한다는 것은 이런 충동을 억누르고 감시하고 극복하여 선을 의도하는 것, 즉 도덕적이고자 하는 것이다. 에피쿠로스 또한 욕망과 충동을 절제함으로써 최소한의 물질적 소유로 마음의 평화를 찾을 수 있다고 말한다. 어떤 의미에서의 엄격한 도덕주의자일 수 있는 이런 칸트와 에피쿠로스의 요구는 홉스와 프로이트와 달리 현실 속에서 도덕의 원천을 찾는 것이 아니라 우리 인간이 바랄 수 있는 이념 속에서 도덕의 세계를 만드는 것이다. 우리는 현실적으로는 감각적이고 이기적으로 행동하기도 하지만 또한 우리가 바라고 존경하는 식으로도 행동할 수 있기에 이상적 인간을 꿈꾸는 것이다.

인간은 자기보존의 욕구를 가지지만 이것만으로 우리는 인간을 인간이라 말하지 않는다. 어머니가 자식을 위해 희생하는 것과 전혀 모르는 사람의 위급한 상황을 보고 도와주려는 경우를 보더라도 우리는 전적으로 감성적 충동에 따라 사는 존재는 아닌 것이다. 감성적 충동을 벗어나 자유롭고자 하는 의지. 칸트가 강조하고자 한 것은 우리를 필연적으로 행동하도록 하는 모든 것에서부터 자유롭고자 하는 의지인 것이다.

우리가 때론 '에이 멋대로 살지', '내 맘대로 살거야!'라고 생각하게 되는 것도 이런 자유의 짐 때문이 아닐까? 자신의 욕망과 충동에서 벗어나 모든 사람의 입장에서 생각하는 것이 이성의 자율이라면 때로 자유의 무거운 짐을 벗고 내 욕망에 따라 살고자 하는 것 또한 자연스러울 것이다. 그러나 동물이 자연스럽듯이 이러한 인간의 삶은 동물적 삶의 형태와 유사하다고 할 수 있다. 인간이 윤리적, 도덕적일 수 있다는 말은 따라서 인간이 동물적 본성을 뛰어 넘어 그들만의 삶의 방식을 찾고 만든다는 것이다. 이때 어떤 삶의 방식이 옳으냐하는 것이 곧 가장 중요한 윤리적 문제인 것이다.

칸트는 실천이성의 3가지 사용방식을 구분함으로써 삶의 다양한 방식이 있다는 것을 보여준다. 이성은 "나는 무엇을 해야 하는가?"라는 물음에 3가지 방식으로 대처한다고 할 수 있다. 첫 번째 단계는 이성이 숙련성의 기술적 명법에 따라 행위하도록 하는 것이다. 이는 어떤 목적을 달성하기 위하여 가장 효과적인 수단을 찾고 사용하는 것이다. 예를 들어 부자가 되고 싶은 사람은 더 많은 수입을 올리기 위해 어떻게 행동해야 하는지를 이 이성의 명령에 따라 행동한다. 여기서는 목적이 합리적이냐 또는 선한 것이냐의 여부는 문제시되지 않고 다만 그 목적을 달성하기 위해서 무엇을 해야 할 것인가가 유일의 문제이다. 따라서 어떤 목적을 잘 달성할 수 있는 수단의 숙달이 중요하고 이때의 이성적 명법은 숙달의 명법이라고 불려진다.

두 번째 단계는 이성이 영리의 실용적 명법에 따라 행동하도록 하는 것이다. 행위의 원리는 행위가 그것에 의해서 생길 수 있는 어떤 가능한 목적을 달성하기 위해 생기며, 목적이 많은 만큼 그 행위의 원리도 많다. 그러나 모든 이성적 존재자에게 현실적으로 전제될 수 있는 하나의 목적이 있다. 이는 행복하려는 것으로 이때 이성은 행복을 증진시키기 위한 수단을 찾고 우리에게 제시해 준다. 이것이 첫 단계에서의 숙달을 자기 자신의 최대의 행복을 위한 수단의 선택이라는 의미에서 영리로 바꾸게 한다. 영리의 명법은 행복하기 위해 필요한 수단을 나에게 말해준다. 그러나 사람마다 그리고 때에 따라 행복은 달라진다. 행복은 철저히 반성되지 않으면 매우 막연한 개념이어서 행복에 도달하려고 하면 무엇을 원하고 의욕하는지 알기 어렵다. 행복하기 위해 청소년기에는 공부를 열심히 하며 청년기에는 직장생활을 잘 하고 노년기에는 건강을 증진하기를 명령할 수 있다. 또 부자일 때 행복할 수 있다고 생각하는 사람은 돈을 많이 벌기 위한 수단을 찾기를 원하고 덕을 쌓으면 행복할 수 있다고 생각한다면 그 사람은 사회가 바라는 좋은 품성을 가지도록 노력한다.

그러나 첫 번째와 두 번째의 실천적 명령은 가언적 명법으로 내게 이익이 되거나 나의 행복증진에 기여하는 행위나 규칙을 채택하는 판단이다. 이는 어떤 목적을 이루기 위한 이해타산에 따른 판단일 뿐이나. 목적을 의욕하는 사람은 그 목적에 필요한 수단도 함께 고려한다. 따라서 가언명령은 '만약 네가 X를 얻기를 원한다면 Y를 하라!'는 조건적 명령으로 X를 얻기를 원하는 사람에게만 적용될 수 있는 상대적, 주관적 명령이다.

세 번째 단계가 실천이성의 도덕적 사용이다. 도덕적 판단은 나의 이익이나 행복증진과는 무관하게 행해지는 판단이다. 이는 앞의 가언적 명법과 달리 무제한적 무조건적 명령이다. 이 단계에 속하는 명법은 어떤 제한도 없이 부가되기 때문에 절대적으로 보편적, 즉 필연적이고 예외없는 것을 말한다. 그리고 이럴 경우에만 칸트에 의하면 도덕적 명법은 정당하다. 왜냐하면 도덕적 명령이기 위해서는 어떤 예외도 인정되지 않고 어떤 조건에서도 타당해야 하기 때문이다. 오직 보편타당할 경우에만 우리는 도덕적 명령이 타당하다고 생각할 수 있다. 만약 남들은 그렇게 행동하지 않는데 나에게만 그렇게 하기를 명령한다면 나는 그 명령을 따르려 하지 않을 것이다. 내가 도덕적으로 행동하기 위해서는 모든 사람도 그럴 것이라는 상상 속의 합의가 가능해야 한다.

가언판단은 어떤 전제가 필요하다. '나는 건강을 위해 담배를 피지 않는다.', '행복을 위해 돈을 많이 벌고자 한다.' 등과 같은 판단은 어떤 목적을 실현하기 위해 어떤 수단이 가장 좋을지를 고려한다. 그 행동은 목적을 성취하기에 가장 합리적인 방법을 선택하는 것이다. 따라서 가언판단과 가언명법은 목적을 성취하기 위해 특정한 사람이 어떤 방법을 취하는 것이 가장 좋을지를 알려주는 주관적 준칙이다. 그러나 이는 도덕적 판단이 되지 못한다. 왜냐하면 도덕적 판단은 모든 사람에게 적용가능 해야 하기 때문이다. 가언적 판단과 도덕적 판단의 차이는 판단에서 채택되는 규칙에 있어 주관적 준칙과 객관적 실천법칙과의 차이이다. 가언적 명령은 기껏해야 목적을 달성하기 위한 충고일 뿐이며 도덕적 명령은 모든 사람이 따라야 하는 명령인 것이다.

결국 일반적인 행위규칙은 궁극적으로 행복하고자 하면, '이러이러하게 행동해야 한다.'는 식으로 인간이 개인적으로 원하는 목적을 이루기 위한 수단으로서의 행동양식을 명하는 것이다. 그러므로 그런 규칙들은 그런 특정 의도와 목적을 전제할 때만, 즉 그런 의도와 목적을 선택한 개인에 대해서만 타당성을 가지며 규칙으로 작용하게 된다. 이에 반해 칸트가 의도하는 도덕법칙은 개인이 어떤 목적을 지향하고 어떤 이익을 얻고자 하는가와 상관없이 인간이면 누구나 따라야할 규칙으로 보편타당성의 원칙이다. 내가 개인적으로 선택하는 실천규칙이 모든 인간이 선택하여 실행해도 괜찮을 경우, 그런 식으로 보편화 가능한 규칙만을 나의 준칙으로 삼으라는 것이다.

따라서 가언명법이 '개별적 주관의 특정한 목적 달성을 위한 좋은 수단을 지시하는 규칙으로서 주관적 타당성만 가진다면, 도덕법칙은 주관의 목적이나 의도와 상관없이 그 자체로서 채택되는 규칙이다. 가언명법이 개인의 행복이나 신체적 쾌락, 지식이나 지혜 등 특정 목적을 위한 수단을 지시하는 행위규칙이라면, 도덕법칙은 그 자체로서 추구되어야 할 바를 지시하는 행위규칙이다.'[14] 기술적 행위는 선택된 임의의 목적에 기여하고, 실용적 행위는 행복을 추구하는 자연적 욕구에 봉사하는 반면, 도덕적 행위는 이런 개인적 차원을 넘어서 인

---

14 한자경, 『칸트철학에의 초대』, 서광사, 2006, 118쪽 참조.

간인 한 누구나 조건없이 모든 경우에 따라야 하는 무조건적 명령인 도덕법칙에 따른 행동이다.

이런 실용적 차원에서의 행복을 말할 때 칸트가 염두에 두는 것은 행복의 개인적 차원이다. 행복은 어차피 개인적, 주관적 측면에서 고려되는 것이고 그렇다면 개인은 자신의 행복을 위해 실천이성을 사용하여 이러 이러하게 행동해야 한다는 것이다. 그러나 이런 종류의 실천적 준칙은 칸트에 따르면 결코 보편적 도덕법칙이 될 수 없다. 자기행복의 원리에 따른 판단은 결국 자기 행복과 이익을 계산하는 손익계산에 따른 판단이지 보편적인 도덕성의 판단이 아닌 것이다. 그러나 여기서 칸트가 생각하는 행복은 아리스토텔레스의 객관적 행복이 아니라 일상적으로 우리가 생각하는 행복이다.

지금까지 우리 행위 또는 의지를 규정짓는 원리는 자기이익, 즉 자기애 또는 자기행복에 있었다. 모든 유한한 이성적 존재는 필연적으로 행복을 갈구한다고 칸트는 분명히 말한다. 왜냐하면 그런 존재는 본성적으로 결핍된 존재이기 때문에, 자신의 전체 현존재의 만족이라는 의미의 행복은 원천적으로 경험적 활동에 의해 영향받는 존재가 바라는 최고의 목적이기 때문이다. 그러나 이런 자신의 모든 현존재의 만족으로서 행복은 주체의 경향, 본능, 욕구, 주체의 관심, 동경 대상, 희망, 자연적 세계와 사회적 세계가 제공하는 가능성 등에 의존하기 때문에, 보편적 법칙이 될 수 없고 도덕성의 요구를 만족시킬 수 없다.

칸트가 주장하는 도덕적 인간, 즉 도덕법칙을 자신의 행위 원칙으로 삼고 살고자 하는 선의지를 가진 인간은 그렇다면 이런 자기행복의 원리를 피해야만 하는 것일까? 선의지를 지닌 인간이 행복할 수는 없을까? 현실에서 자신의 도덕적 의무를 일관되게 다한 사람에 대한 보상이 고작 분노와 불행이라는 것을 몇 번이고 보지 않았는가? 훌륭함이 모든 인간의 행복을 보장해주지 못한다. 내가 노력해서 도덕적으로 살아도 행복하지 않을 수 있고, 도덕적으로 살지 않아도 행복이 주어지는 경우들이 발생할 수 있다. 어떤 사회에서는 덕이 있는 선한 자가 더 불행해지고 오히려 권력을 가진 부도덕하고 이기적인 사람이 더 행복해질 수도 있다.

만약 도덕이 우리의 행복을 보장해주지 못할 때 과연 우리는 도덕적으로 살고자 할 수 있을까? 인간은 누구나 스스로 행복하기를 바라며 또 다른 사람에 대해서도 행복을 기원한다. 그러나 이성이 감성적 충동과 대립하고, 도덕법칙이 나의 욕망과 충돌하여 결국 도덕과 행복이 서로 상충하는 것이라면, 우리는 도덕적이면서 동시에 행복할 수는 없는 것인가?

여기서 칸트의 말을 들어보자.

"순수한 실천이성은, 사람이 행복에 대한 모든 요구를 포기해야 할 것을 의욕하는 것은 아니다. 오직 의무가 문제일 때에, 행복을 전혀 돌보지 않으려고 할 뿐이다. 자기의 행복에 마음 쓰는 일은, 어떤 점에 있어서는 「의무」이기도 하다. 일부는 행복이 ─ 숙련, 건강, 부유 등이 이것에 속하는데 ─ 그의 의무를 실현하는 수단이기 때문이요, 다른 일부는 행복이 없는 것은 (가령 가난은) 자기의 의무에 어긋나게 하는 유혹을 포함하기 때문이다. 그러나 자기의 행복만을 촉진하는 것은, 결코 직접적으로 의무일 수 없으며, 더구나 모든 의무의 원리일 수는 없다."[15]

『윤리형이상학의 정초』에서 행복과 도덕은 서로 다른 길을 향하고 있으며 도덕을 위해 행복은 희생될 수도 있으나, 3년 뒤 나온 『실천이성비판』에서 칸트는 도덕과 행복의 갈등을 다른 방식으로 해소하고자 한다. 도덕적으로 행동하는 사람이 현실에서처럼 행복할 수 없다면 사람들은 도덕과 멀어질 수밖에 없다. 따라서 도덕적인 사람도 행복할 수 있는 길을 모색해야 한다. 이에 따라 『실천이성비판』에서 칸트는 도덕법칙과 행복이 합쳐진 상태를 최고선이라 부른다. 도덕법칙은 우리의 의지를 규정하는 근거이다. 우리가 도덕적으로 살고자 한다면 나의 의지는 도덕법칙에 따라, 즉 도덕법칙의 규정에 따라 행

---

[15] 칸트, 최재희 역, 『실천이성비판』, 103쪽.

동해야 한다. 그러나 이때 의지의 규정근거는 도덕법칙이지만 의지의 대상, 즉 최고의 목적은 최고선이어야 한다. 의지가 일반적으로 자신의 행복이나 쾌락을 대상으로 한다면 이것은 도덕법칙에 따른 목적이 아니다. 도덕법칙에 따른 의지는 자신의 대상을 최고선으로 가져야 하며, 이때 최고선은 바로 도덕법칙과 행복의 결합으로 구성된다. 왜냐하면 최고선은 최상과 완전을 합한 개념이기 때문이다.

최고선이 최상을 의미할 때 이는 우리가 바랄 수 있는 모든 것의 최상 조건이 되어야 하며 따라서 가장 도덕적인 것인 도덕법칙이라 말할 수 있다. 그러나 최상이 최고가 되기 위해서는 완전함이 함께 있어야 한다. 도덕법칙만으로는 인간 행동이 목적으로 하는 전체적인 완전선이 되지 못한다. 왜냐하면 인간은 도덕적이면서 동시에 행복하고자 하기 때문이다. 인간은 감정적 욕망존재이기에 최고선이 완전선이 되기 위해서는 행복을 포함해야 한다. 따라서 최고선은 최상과 완전함을 모두 포괄한 도덕법칙과 행복의 종합이어야 한다. 의지를 도덕법칙에 따라 규정하며 동시에 그것이 행복할 수 있는 것이 최고선이라 할 수 있다. 즉 행복이 도덕성에 정비례해서 놓여 있다면 이러한 행복이 또한 가능한 세계의 최고선을 형성한다.

그러나 도덕법칙과 행복의 종합인 최고선은 어떻게 가능할까? 도덕법칙을 원하는 것은 최상선으로 그것 이상의 어떤 것도 원하지 않는데 존재한다. 행복은 이 최상선이 최고선이기 위해 우리가 더 이상 바랄 게 없는 완전한 것이 되기 위해 필요한 것이다. 내가 도덕법칙을 원하는 것이 곧 나의 행복이라는 것. 나의 욕구가 바로 도덕법칙을 원하도록 하는 것. 칸트에게서 자유가 원래 인간의 욕구로부터 벗어나 도덕법칙을 원하고자 하는 데 있다면, 이제 최고선에 도달하기 위해서는 나의 욕구가 바로 도덕법칙에 따라 살고자 하는 것이어야 한다.

에피쿠로스는 행복과 도덕법칙을 종합하기 위해 행복을 최고의 목적으로 설정하고 행복을 위한 도덕규칙을 바람직한 것으로 설명했다. 그렇다면 행복한 삶이 바로 도덕적 삶이라 귀결될 수 있다. 에피쿠로스에게 도덕과 행복의 종합은 행복을 우위에 둔 도덕과 행복의 감성적 일치이다. 마음의 평화인 행복을 위해 욕구를 줄이라는 규범이 가능한 것이다. 아리스토텔레스에게 있어 행복 또한 실천적 삶의 최고 목적이다. 행복하기 위해 여러 덕과 실천적 지혜가 필요하다. 도덕과 윤리적 내용은 행복 속에서 행복과 일치된다. 이때의 행복은 지속가능하고 삶의 전체에서 판단되는 고차원적인 의미에서의 쾌락이다.

칸트가 의지의 규정근거에서 도덕법칙과 행복을 구별했듯이 일상적 의미에서의 행복은 도덕과 하나될 수 없다. 왜냐하면 개인의 욕구만족을 위한 행복 추구의 원칙이 도덕성을 산출할 수는 없기 때문이다. 의지의 규정근거를 자신의 행복에 대한 요구에 두는 준칙은 도덕적일 수 없으며, 어떤 보편적 요구도 한 개인의 행복을 위해 존재하지는 않는다. 개인의 만족

에 근거한 행복은 감성적 만족을 의미하는 것으로 이는 감성
적 욕구와 충동을 만족시킴으로써 가지게 되는 것이다. 그러
나 우리가 아리스토텔레스와 에피쿠로스에서도 보았듯이 이런
만족은 절대로 충족될 수 없다. 왜냐하면 애착은 끊임없이 변
화하며, 한번 만족되더라도 욕구는 다시 커지거나 더 큰 공허
를 남기기 때문이다.

그러나 칸트가 도덕과 행복을 결합하기 위해 선택한 방법은
아리스토텔레스와 에피쿠로스와 달리 도덕을 우위에 둔 종합
이다. 도덕법칙을 따를 때 내가 자유를 의식하는 한, 자유와
자유의 의식에서 오는 만족은 어떤 특수한 감정에도 의존하지
않는 지속적인 만족의 유일한 원천이다. 이런 만족은 지성적
만족으로 도덕에 따른 행복으로 가능한 것이다. 도덕과 행복의
종합은 도덕이 최고도로 완성되고 다시 그 완성된 최고의 도덕
에 상응해서 그에 합당한 만족이 생기는 방식으로 성립한다.

이와 같은 과정에서 다음이 귀결된다.

"(1) 실천원칙들에서는 도덕성의 의식과, 도덕성의 결과
로서의 도덕성에 비례하는 행복의 기대와, 이 두 가지의
자연적, 필연적인 결합은, 적어도 가능하다고 생각된다는
것이다… (2) 이와 반대로 행복 추구의 원칙이 도덕성을
낳을 수 없다는 것이다. 따라서 (최고선의 첫째 조건으로

의) 최상선은, 도덕성을 형성하고, 반대로 행복은 최고선의 둘째 요소이로되, 행복은 도덕에 제약된 결과, 도덕성의 필연적인 결과로서 그러하다는 것이다. (3) 최고선은, 행복의 도덕성에 대한 이러한 하위에서만, 순수한 실천이성의 전 대상이요, 순수한 실천이성은 이런 하위가 필연적으로 가능하다고 생각하는 것이다. 왜냐하면, 최고선을 실천하도록 「가능한 모든 노력」을 다 하는 것은, 순수한 실천이성의 명령이기 때문이다."[16]

즉 도덕법칙이 우리의 의지를 규정하고 우리가 그 도덕법칙에 따라 살 때 이로부터 귀결되는 만족감이 행복일 수 있다는 것이다. 그러나 이때 행복은 결코 나 자신의 욕구만족을 통한 행복을 의미하지는 않는다. 도덕법칙에 따라 행동하면서 나의 자유를 인식하고 이를 통해 가지게 되는 만족감이 지속적인 삶 전체를 통해 내가 행복하다고 느낄 수 있는 것이다.

물론 칸트는 이런 도덕과 행복의 종합이 감정과 현실에 제한되어 있는 구체적 인간에게 가능한지를 고려한다. 우리의 현실은 도덕적 선이 완성되더라도 행복하지 못한 경우가 자주 있다. 아리스토텔레스가 밝혔듯이 행복을 위해서는 건강이나 최소한의 부와 같은 객관적 조건과 사회적 조건에도 의존하기 때문이다. 또한 자기보존을 위해서도 무작정 감정적 욕구를

---

[16] 앞의 책, 131쪽.

부정할 수 없다. 따라서 칸트는 최고선으로서 순수한 덕과 행복의 결합이 가능하기 위해서는, 즉 감정적 인간이 도덕적으로 살고 그에 따라 행복하기 위해서는 무수한 시간과 완전한 존재자의 보증이 필요하다고 말한다. 도덕과 행복의 종합의 조건으로 영혼불멸과 신의 존재를 요청하는 것이다. 현실의 인간 세계에서 최고선은 원칙적으로 칸트에게 꿈과 이념으로만 존재할 수 있다.

그러나 이 세상을 한 번 살아가는 현실적 인간으로서 칸트의 도덕관을 행복의 관점에서 해석한다면, 칸트가 의미하는 행복은 결국 우리의 삶과 행동이 다른 사람을 고려할 때에만 진정으로 가능하다는 것이다. 우리가 아리스토텔레스에게서도 보았듯이 최고의 행복이 관조적 삶에 있을지라도 우리에게 의미있는 삶은 아리스토텔레스가 강조한 정치적 삶이었다. 현실에서 타인과 관계 맺는 사회 속에서 우리의 삶은 의미를 가지고 그 속에서 자신에게 맞는 탁월한 역할을 수행하는 것이 바로 현실을 살아가는 우리의 행복인 것이다. 칸트에게서도 이런 도덕과 행복의 종합은 우리의 영혼이 무한대의 시간 속에서 성취할 수 있는 이상향이 아니라 지금 우리의 삶에서 어떻게 우리가 살아야 하는가에 대한 답으로 작용할 때 의미있을 것이다. 그때 칸트가 의미하는 도덕과 행복의 종합은 바로 우리의 행복추구가 결코 나만의 자아실현이어서는 안 된다는 것이다. 개인이 자신만의 꿈과 욕구를 실현할 때 느끼는 만족이 과연 우리 모두에게 어떤 의미를 줄 수 있을지에 대한 반성일 것이다. 비록 아리스토텔레스 행복 윤리학이 모든 사람에게 객관적인 의미로 다가올지라도 그것은 개인의 탁월한 삶에 머물 뿐이다. 자신의 이성과 강점을 탁월하게 하는 자아실현은 사회 안에서 가능할지라도 개인적 차원에 머문다. 에피쿠로스의 행복 또한 각자 자신의 마음을 평온하게 하는 주관적, 개인적 차원에 머물 수밖에 없다. 단지 자기에게 진정한 쾌락, 행복을 주도록 생활하는 것이 바로 가장 큰 도덕인 것이다.

그러나 행복이 진정 자신만의 만족이 되지 않기 위해서는 다른 사람의 시각에서 바라보는 관점이 필요하다. 우리는 자신의 고통을 무릅쓰더라도 남을 위해 행동하는 사람을 또한 높이 평가한다. 칸트에게 있어 도덕법칙이란 보편적 관점에서 자신의 행동을 반성할 수 있다는 것이다. 즉 자신의 도덕적 판단과 행동은 보편적 이성의 관점에서, 타인의 입장에서 바라볼 때 정당화되는 것이다. 그리고 행복은 이런 도덕적 삶을 사는 것, 또는 자신의 삶이 개인적 차원에 머무르지 않고 모두가 바라는 공동선에 기여할 때 존재하게 된다. 칸트가 말하는 정언명법이란 개인의 주관적인 준칙이 모두가 바랄 수 있기를 원하는 것이다. 나의 행동이, 나의 꿈이 모두가 인정할 수 있기를 원할 때 도덕적이며 행복할 수 있다.

이제 행복은 최고선의 한 부분을 이루는 것으로 된다. 다시 말하면 행복은 의미있는 삶일 때 가장 최고의 선으로 된다는 것이다. 자기의 특성과 강점을 발휘하는 자기실현의 삶이나 자기만족의 삶으로는 완전한 행복이 되기 어렵다. 이 자기실현의 삶이 또는 개인의 삶이 타인과 역사와 세계에 어떤 의미가 있는지를 고려하고 그 속에서 자기 삶의 의미가 밝혀질 때 삶은 비로소 자기에게 명확하게 드러나며 기쁨을 줄 것이다.

의미있는 삶

칸트의 도덕법칙은 감성적 욕구와 이기적 욕망의 인간을 이성적 질서로 고양시키기 위한 안내자라고 볼 수 있다. 그러나 우리 내부에서 이성과 감성, 도덕성과 경향성, 자유와 욕구에 따른 필연의 충돌은 피할 수 없으며 항상 우리 삶을 위태롭게 한다. 그래도 우리 삶을 안전하게 하기 위해 우리는 최소한의 도덕을 지키며 남의 눈치를 보며 산다. 이때 도덕과 행복은 대립적인 것으로 파악되며 도덕은 우리가 어쩔 수 없이 따를 수밖에 없는 것으로 나타난다. 그래서 우리는 끊임없이 부모님의 말이나 사회의 요구에 반항하며 그로부터 쾌감을 느끼는 것이다.

그러나 만약 칸트의 말처럼 우리가 느끼는 도덕적 당위가 우리의 행복을 위해 필요한 것이라면 우리는 이 도덕적 명령을 기꺼이 따르지 않을까? 우리 삶에서는 하기 싫은 일이라도 해야만 할 일이 있고, 또 하고 싶은 일이라도 해서는 안 되는 일이 있다. 이런 도덕적 당위를 내 스스로 원하고 그것을 나의 행복이라고 생각한다면 칸트가 말하는 최고선에 이르는 것이다. 그리고 이를 위해서는 삶에 대한 인식전환이 필요하다. 도덕과 행복의 일치를 위해 나의 행복과 다른 사람의 행복이 충돌하는 것이 아니라 조화될 수 있다는 것은 개인주의적 사고에서 공동체적인 사고방식으로의 방향전환을 요구한다.

왜 우리는 도덕적으로 살아야 하는가? 도덕이 나를 억압하는 것이라면 나는 최소한의 도덕만을 지키거나 남이 안보는 곳에서는 비도덕적으로 살 것이다. 중요한 것은 나의 행복이니까. 그렇다면 도덕을 지켜야 할 이유는 없다. 그러나 도덕적으로 사는 것이 내가 한 번뿐인 삶을 행복하게 사는 조건이라면 이야기는 달라질 것이다. 현실에서 신의 목소리가 줄어드는 지금, 한 번뿐인 삶이고 이미 나의 의도와 달리 태어나 살고 있다면 나의 삶이 나만의 만족이 아니라 의미있는 삶이기를 바란다.

나는 육체적 쾌락만을 위해 살 수도 있을 것이다. 그러나 그 뒤에 남겨진 후회와 허무함은 내 삶 전체를 반성하게 한다. 내가 사는 이유는 무엇일까? 나의 삶이 나만으로 구성된 것이 아니라면 내 삶의 의미도 나에게만 있지는 않을 것이다. 내 삶의 의미는 나뿐만 아니라 내 가족, 우리 고향, 나의 공동체가 함께 구성하는 것이다. 내 삶의 의미를 우리 모두의 관점에서 고려하기를 원하는 것이 칸트의 도덕법칙이 아닐까? 도덕법칙을 따르는 이유는 그것이 나의 행복이며 나를 자유롭게 해주기 때문이다. 칸트에 의하면 도덕법칙을 따르는 이유는 도덕법칙에 대한 존경심에서 가능하다고 말한다. 도덕법칙을 존경하기 위해서는 그 도덕법칙이 나를 행복하게 해주며 나를 진정으로 자유롭게 해준다는 것을 알아야 한다.

선의지에 따른 삶을 우리는 칸트의 말을 빌려 다음과 같이 구별할 수 있을 것이다. 어떤 상인이 상품매매에 익숙하지 못한 고객에게 상품을 파는 경우를 생각해 볼 수 있다. 첫 번째 상인은 더 큰 이익을 위해 비싸게 판다. 두 번째 상인은 그 고객에게도 비싸게 파는 것이 아니라 고징된 일반가격에 따라 판다. 그러나 그는 이렇게 함으로써 그 고객이 계속 자신의 상품을 구매할 것을 기대하고 있다. 세 번째 상인은 정직의 원칙에 따라 모든 사람에게 같은 가격에 따라 팔며 그 고객에게도 고정된 가격에 판다.

칸트에 따르면 첫 번째 상인은 이기심에 의해, 즉 자신의 직접적인 경향성에 따라 행동한 것이다. 두 번째 상인의 행동은 의무에 적합하기는 하나 의무에서 나온 행동은 아니다. 결과가 우연히 의무에 적합하게 되었으나 그 내면은 결국 이기심에 따른 행동인 것이다. 세 번째 상인의 행동이 자기 이익을 위한 경향성으로부터 벗어난 도덕법칙에 따른 행동이다.

> "의무 자체에서 나온 친절은 비록 어떠한 경향성에 의해서 촉진되지 않더라도, 더욱이 자연적이고 불가항력적인 혐오의 정에 부딪친다 하더라도, 실천적(능동적)인 사랑이고 감각적(수동적)인 사랑이 아니다. 이 실천적 사랑은 의지 안에 존재하되 감각의 성벽에 있지 않으며, 행위의 원칙에는 존재하되 감미로운 동정의 원칙에 있지 않다. 그리고 이러한 실천적 사랑만이 명명될 수 있는 것이다."[17]

세 번째 상인의 예에서 나타나듯이 도덕법칙을 따른 삶이 곧 나의 마음을 자유롭게 하고 행복하게 할 수 있다. 이기심에 의해 첫 번째와 두 번째의 경우를 선택할 수도 있을 것이다. 그러나 이때의 마음은 나 자신에게 또는 다른 사람에게 당당할 수 있을까?

그러나 도덕법칙을 존경하기 위해서는 우리의 반성이 필요하다. 지금은 너무나 많은 도덕과 법이 넘쳐나는 사회이다. 사람들이 규범과 법칙을 어기는 데서 자유를 느끼고 행복을 찾을 수 있다고 생각한다면 서로 다른 자유와 행복이 충돌하는 것을 막기 위해 도덕과 법은 증가될 수밖에 없다. 도덕과 법이

---

17 칸트, 최재희 역, 「도덕철학서론」, 『실천이성비판』, 박영사, 1997, 195쪽.

곧 나의 자유와 행복을 증진시키기 위한 것임을 인식할 때 오히려 도덕과 법은 감소될 것이다. 도덕과 법이 자유와 행복을 증진시키고 또한 나의 자유와 행복에 따라 도덕과 법이 만들어진다는 것을 알 때 도덕과 법의 테두리 안에서 나는 자유롭고 행복할 수 있다. 나뿐만 아니라 우리의 자유와 행복이 우리의 도덕과 법인 것이다.

끊임없이 자신의 준칙과 삶을 타인의 관점에서 반성하며 이를 통해 인정한 원칙에 따라 무소의 뿔처럼 살 때 자유롭고 행복하지 않을까? 강요당한 의무나 어떤 특정한 목적이나 결과를 기대하고 행하는 의무는 도덕적 가치를 가질 수 없다.

자살에 대해 다시 생각해보자. 칸트 윤리학에 비추어 보면 자살할 것을 생각하는 사람은 자신의 행위가 과연 도덕법칙에 일치할 수 있을지를 고려해야 한나. 만일 그기 괴로운 상태에서 벗어나기 위하여 자살한다면, 그는 인격을 그의 생이 끝날 때까지 괴롭지 않는 상태를 유지하지 위한 하나의 수단으로 대하는 것이다. 그러나 인간은 물건이 아니며, 따라서 단지 수단으로서 사용될 어떤 것이 아니다. 생명을 보존하고 유지하는 것이 생명을 가진 것의 보편적 법칙이다. 이런 보편적 법칙을 무시하고 주관적 준칙에 의해 생명을 파괴하는 행동은 결코 선하지도 않고 옳지도 않다. 자신의 삶의 의미가 자기에게만 제한될 때 자신은 자신의 생명을 쉽게 거둘 수 있다. 그러나 만약 자신의 삶의 의미가 자기뿐만 아니라 공동체의 의미를 구성하고 그와 밀접하게 연결되어 있다는 것을 알 때 나의 욕구만으로 내 삶을 처분하지는 않는다. 내 삶의 의미는 이미 공동체 안에서 형성되고 관계 속에서 의미있기 때문이다.

칸트 윤리학은 우리의 행복개념이 독단적이지 않게 해준다. 행복을 말하고 행복을 추구하는 것이 아무리 개인적이고 주관적 차원에 머물 수밖에 없더라도 사회 속에서 행복을 말할 수 있기 위해서 행복은 도덕의 차원에서 고려될 수밖에 없다. 우리는 행복을 추구하지만 도덕적으로 살기도 원한다. 그리고 도덕적이기 위해 우리는 너뿐만 아니라 우리 모두를 항상 우리의 고려에 포함해야 한다. 칸트 윤리학이 강조하는 타인에 대한 관심은 우리가 자아실현으로서의 행복을 추구할 때 반드시 고려해야 할 것이 '우리'라는 입장을 가지라는 것이다.

여기서 우리는 단순히 나와 관계 맺고 있는 너만을 의미하지 않는다. 먼저 가족을 형성하고 있는 우리 가족 공동체의 입장에서 나의 자아실현은 고려되어야 한다. 가족 공동체에 기반한 나의 꿈이 다음으로 우리 사회 공동체를 고려한 속에서 다듬어져야 한다. 이때 우리 사회를 정확히 인식하기 위해서 필요한 것은 우리 사회에 대한 역사의식이다. 오늘날의 내가 어제의 나의 노력과 행위의 결과이듯이 우리 사회 또한 지난 사회 역사의 결과이다. 이 역사를 바탕으로 오늘의 사회와 내

일의 사회를 기대할 수 있다.

이 사회공동체가 바로 우리공동체일 수밖에 없다. 이 사회를 통해 우리가 형성되고 내가 만들어지기 때문이다. 칸트가 궁극적으로 말하고자 한 바는 바로 이 우리공동체에 대한 의식을 도덕을 통해 나의 행복에서 함께 고려해야 한다는 것이다. 나의 이기적인 자아실현은 결코 바람직한 행복을 우리에게 줄 수 없다. 결국 사적인 만족은 우리 삶을 절름발이로 만드는 것이다.

제2차 세계대전 때 유태인을 학살한 아이히만이 오랜 도주 끝에 잡혀 국제재판에 넘겨지게 되었다. 한나 아렌트는 한 신문사에 고용되어 그 재판을 지켜보며 기록하게 되었다. 그때 아렌트에게 충격적인 것은 도덕적으로 가장 악할 것 같은 아이히만이 지극히 평범한 사람이었다는 것이다. 자신의 사회에서 자신에게 주어진 역할을 충실히 수행하고 가정에서 아버지로서 남편으로서 모범적인 사람이 그토록 인류에 반하는 범죄를 저지르게 된 것이다. 아렌트에 의해 '평범한 악'이라고 규정된 아이히만은 자신은 사회가 요구하는 의무에 따랐을 뿐이라고 변명한다. 그가 비록 사회적 역할에 따른 의무를 탁월하게 수행하여 자신의 행복을 추구했다지만 그 행복이 우리 사회의 불행에 기반해 있다면 결국 진정한 행복을 가져다주지 못한다.

THOMAS KRETSCHMANN   TROY GARITY   FRANKA POTENTE   STEPHEN FRY
EICHMANN
HUSBAND   FATHER   SOLDIER   MONSTER
www.eichmann-themovie.com

극단주의적 이슬람세력에 의해 미국에서 9·11사태가 발생했을 때 어느 미국학자가 빌딩에서 희생당한 미국민들을 평범한 악으로 규정하여 논란이 되었던 적이 있다. 그 당시 빌딩에서 근무한 대부분의 사람들은 가정에 충실한 모범적인 시민이었다. 그럼에도 그들을 평범한 악이라 규정할 수 있었던 것은 그들의 삶이 타인의 삶을 고려하지 않았기 때문이다. 만약 자신이 속한 나라가 저지른 잘못을 반성했다면 그들의 삶과 그 삶들로 구성된 공동체는 지금과 달랐을 것이다.

우리가 아이히만과 테러에 희생당한 사람들을 무차별적으로 비교할 수는 없을 것이다. 그러나 만약 내가 행복하고자 한다면 칸트가 의미하는 도덕적 삶을 간과할 수는 없다. 아렌트가 평범한 악을 이야기할 수 있었던 것은 사유하지 않은 인간, 타인의 입장에서 생각하지 않는 삶의 비도덕성을 말하고자 했던 것이다. 내 삶이 아이히만이 되지 않기 위해서 아렌트가 말한 타인의 입장에서 생각할 수 있음은 필수불가결하다. 그리고 이를 위한 근거를 칸트는 말하고자 하는 것이다.

진정한 행복의 길을 두고 사람들은 "양떼들처럼 뒤에서 어슬렁거리며 사람들이 가야만 할 올바른 방향을 가지 않는다. 다른 사람들이 가는 방향으로 그저 따라가는 일 외에는, 우리는 아무것도 주목하지 않는다."[18]

---

18 세네카, 『행복론』, I, 15, 만프레트 가이어, 김광명 역, 『칸트평전』, 2004, 87쪽에서 재인용.

자신의 삶에 대한 의미부여, 즉 행복을 무엇이라고 생각하는 것은 지금 자신의 몫이다. 그리고 이에 따라 우리의 삶은 만들어질 것이다.

V. 마치며

지금까지 우리는 철학자들의 도움을 받아 행복에 대한 개념을 세 가지 방식으로 정의해왔다. 아리스토텔레스가 말하는 자아실현으로서의 객관주의적 행복관, 에피쿠로스에 따른 개인의 만족을 통한 주관주의적 행복관, 칸트의 도덕개념을 해석한 의미있는 삶으로서의 보편주의적 행복관. 그리고 이 각각은 인간 삶의 세 가지 방식에 대응한다고 말할 수 있다. 노동을 매개로 하여 자신과 외부세계의 관계를 중시하는 삶의 방식, 자신과 자신의 내면의 관계를 중시하는 삶의 방식, 마지막으로 자신과 타인과의 관계를 중시하는 삶의 방식이 있다면 객관주의적 행복관은 자신과 외부세계의 관계에서 찾을 수 있는 행복이며, 주관주의적 행복관은 자신과 내면의 관계에서, 보편주의적 행복관은 자신과 타인의 관계에서 찾을 수 있는 행복일 것이다.

그러나 어떻게 생각하면 각각의 철학자들이 대변하는 행복관은 그 자체만으로는 모두 문제점을 가진다. 자아실현으로서의 행복관은 우리가 자신의 삶을 어떻게 대하고 어떤 방식으로 살아가야 하는지에 대한 대답이 될 수 있다. 그러나 자신의 덕과 강점을 닦고 발휘하는 자아실현이 현실의 근본적 가치기준에 대해 반성하지 못할 때 그 자아실현은 단순히 현실을 인정하는 삶의 방식으로 나타날 수 있다. 나의 자아실현이 단순히 기존의 권력과 제도를 인정하는 방식이 되지 않기 위해 현실과 사회를 반성하게 하는 에피쿠로스의 삶의 방식이 필요하다. 에피쿠로스의 행복관이 비록 개인주의적 삶의 방식에 기초하더라도 자아실현에서 중요한 것은 사회와 현실을 반성하는 나의 마음임을 일깨워준다. 내 마음의 평화와 안정을 위해 내가 무엇을 바라는지 명확히 알고 모든 환상과 거짓, 불필요한 것으로부터 해방되어야 한다.

그러나 사회와 현실에 대한 반성의 결과가 개인주의적 쾌락을 중시하는 삶의 방식으로 나타나는 것은 공동체로서의 인간에 대한 반성이 부족하기 때문이다. 나만의 만족과 행복을 위할 때 우리는 언제든 제2의 아이히만이 될 수 있다. 진정한 행복을 위해 칸트는 우리의 마음에 있는 선의지, 도덕법칙을 존경하는 마음을 일깨우기를 원한다. 도덕법칙을 존경한다는 것은 나의 의지가 나만의 의지가 아니라 모든 사람의 의지를 고려해야 한다는 것이다. 나의 꿈이 이미 공동체에 의해 만들어지고 공동체의 선을 우리가 함께 만든다는 것을 알 때 나의 삶은 의미있을 것이다.

삶의 세 가지 방식은 전체적인 삶의 각각의 부분만을 나타낼 뿐이다. 우리는 항상 전체로서의 삶을 살 수밖에 없으며 우리가 살아가는 순간에도 삶은 세 가지 방식 모두를 취하고 있다. 이럴 때 우리의 행복은 세 가지 행복개념을 모두 고려해야 한다. 이런 삶일 때 이런 행복개념이 해당되는 것이 아니라 삶은 전체이기에 세 가지 행복 개념 모두가 함께 작용하는 것이다. 나의 자아실현은 곧 우리의 자아실현이기에 의미있으며 이럴 때 나는 흔들리지 않는 평온한 마음을 갖게 된다. 비록 삶에 우연적 곤란이 있을지라도 나의 삶이 이런 과정일 때 나는 스스로 행복할 수 있다.

우리의 선택과 행위는 때마다 일회직이고 개별적인 사건으로 나타나고, 이런 구체적 상황에서 필요한 것은 아리스토텔레스가 말하는 실천적 지혜이다. 우리는 실천적 지혜를 통해 삶에서 부딪히는 수많은 문제 상황에서 언제나 우리가 생각하는 행복의 길을 가고 있는지 반성해야 한다.

철학의 정신은 이런 반성과 비판 외에 다른 것이 아닐 것이다. 항상 내가 습관적으로 반복하는 생각과 판단을 반성하는 것. 3명의 철학자들이 들려주는 행복 찾기는 결국 직접적으로 주어진 대로 살 때 우리에게 남는 것은 일회적인 쾌락뿐이라는 것이다. 자기반성과 비판없이 진정한 행복은 주어지지 않는다. 결국 행복을 느끼는 것은 자기 자신일 것이다. 행복이 무엇인지 내가 지금 행복한가에 답할 수 있는 것은 나 자신이다. 그리고 행복이 무엇인지를 알게 될수록 나는 그 질문에 좀 더 명확히 답할 수 있을 것이다.

참고문헌

강영계, 『행복학 강의』, 새문사, 2010.

김선욱, 『행복의 철학』, 도서출판 길, 2011.

마틴 셀리그만, 김인자 역, 『긍정심리학』, 물푸레, 2004.

만프레트 가이어, 김광명 역, 『칸트 평전』, 미다스북스, 2004.

아리스토텔레스, 최명관 역, 『니코마코스 윤리학』, 서광사, 2003.

앤소니 A. 롱, 이경직 역, 『헬레니즘 철학』, 서광사, 2000.

에피쿠로스, 오유석 역, 『쾌락』, 문학과 지성사, 2008.

오트프리트 회페, 이상헌 역, 『임마누엘 칸트』, 문예출판사, 1997.

오트프리트 회페 엮음, 이강서 외 역, 『철학의 거장들 1』, 한길사, 2001.

장 마리 장브, 김인구 역, 『아리스토텔레스』, 한길사, 2004.

장 살렘, 양창렬 역, 『고대원자론』, 난장, 2009.

조정옥 엮음, 『에피쿠로스의 쾌락의 철학』, 동천사, 1997.

피터 싱어, 정연교 역, 『이렇게 살아가도 괜찮은가』, 세종서적, 1996.

칸트, 최재희 역, 『실천이성비판』, 박영사, 1997.

클라우스 헬트, 이강서 역, 『지중해 철학기행』, 효형출판사, 2007.

한나 아렌트, 이진우/태정호 역, 『인간의 조건』, 한길사, 1996.

한자경, 『칸트철학에의 초대』, 서광사, 2006.

저자 **이상형**__ 경북대학교 인문대학 철학과 강의교수

철학을 업으로 생각하고 공부하던 중 타인과 사회에 대한 관심은 윤리학과 사회철학으로 눈을 돌리게 하였다. 어떻게 하면 인간은 행복할 수 있을까? 왜 나는 도덕적으로 살아야 하는가? 모든 사람들이 행복한 사회를 만들 수 없을까? 누구나 하는 고민에 이 책의 필자도 끼어들어 세상을 더 어지럽히는 것은 아닐까 고민하고 있다.

그럼에도 개인적으로 행복이, 사회적으로 정의가 실현되는 세상에서 살고 싶은 욕심을 버리지 못하고 이 책을 쓰게 되었다. 철학자들이 떠나는 행복 여행, 그것은 철학을 공부하고 있는 저자가 찾는 행복의 길임과 동시에 책 본문에 나오는 세 철학자가 탐구한 행복의 길이다.

주요 논문으로 교육과학기술부와 한국연구재단이 공동주최한 제1회 창의연구논문 인문분야 우수상 「개인행복의 사회적 조건」과 박사학위논문을 책으로 엮은 『Moralität und Sittlichkeit』가 있다.

경북대 인문교양총서 ⑳
철학자의 행복 여행

초판 인쇄 2013년 2월 18일
초판 발행 2013년 2월 28일

지은이 이상형
기 획 경북대학교 인문대학
펴낸이 이대현
편 집 이소희 권분옥 박선주
디자인 이홍주
마케팅 박태훈 안현진

펴낸곳 도서출판 역락
주 소 서울시 서초구 반포4동 577-25 문창빌딩 2층
전 화 02-3409-2060(편집), 2058(마케팅)
팩 스 02-3409-2059
등 록 1999년 4월 19일 제303-2002-000014호
전자우편 youkrack@hanmail.net

값 10,000원
ISBN 978-89-5556-032-9 04100
　　　978-89-5556-896-7 세트